수채 캘리愛 빠지다

배정애

어느 봄날, 우연히 접하게 된 캘리그라피. 처음에는 그저 좋아서 제주 사투리, 소소한 일상 이야기, 가슴에 콕 박히는 드라마 명대사 등을 자유롭게 썼다. 그런데 자신의 글씨에서 누군가는 위로를 받고, 또 누군가는 힘을 얻는다는 이야기를 듣기 시작했다. 더 많은 사람들과 캘리그라피로 소통할 수 있으리라는 믿음이 생겨 전시회도 열고, 강의도 하다 보니 어느새 '감성 캘리그라피 작가'라는 이름으로 불리게 되었다. 자신만의 수업 내용과 예쁜 소품 활용법을 담은《캘리愛 빠지다: 감성 작가 배정애의 캘리그라피 쓰기·만들기·선물하기》와 하루 한 문장씩 따라 쓰며 연습할 수 있게 구성한《캘리愛처럼 쓰다》를 펴냈다. 나태주 시인의 필사 시집《끝까지 남겨두는 그 마음》《너만 모르는 그리움》등 다수의 베스트셀러에 캘리그라피로 참여했다.

캘리애의 수채 캘리그라피 따라 쓰기

수채 캘리愛 빠지다

초판 1쇄 발행 2020년 8월 20일
초판 3쇄 발행 2022년 8월 27일

지은이 배정애
펴낸이 金湞珉
펴낸곳 북로그컴퍼니
주소 서울시 마포구 와우산로 44(상수동), 3층
전화 02-738-0214
팩스 02-738-1030
등록 제2010-000174호

ISBN 979-11-90224-52-9 13600

· 이 도서의 국립중앙도서관 출판예정도서목록(CIP)은 서지정보유통지원시스템 홈페이지(http://seoji.nl.go.kr)와 국가자료공동목록시스템(http://www.nl.go.kr/kolisnet)에서 이용하실 수 있습니다. (CIP제어번호: CIP2020032280)

캘리애의
수채 캘리그라피
따라 쓰기

배정애 지음

수채 캘리愛 빠지다

북로그컴퍼니

작가의 말

마음이 울적한 날에는 물감을 꺼내서 좋아하는 색으로 글씨를 쓰곤 했어요. 검은색으로 쓸 때와는 다른, 알록달록한 색이 주는 느낌이 좋았거든요. 같은 색이지만 물의 양에 따라 다른 분위기의 색이 나오고, 여러 가지 물감을 섞으면 생각지 못했던 새로운 색이 만들어지는 게 신기했어요. 물을 가득 머금고 있을 때와 다 마르고 난 뒤의 색감도 어느 것 하나 똑같지 않아, 또 다른 작품이 되는 것도 재미있고요. 그렇게 물감과 놀다 보면 어느새 마음도 화사해지는 느낌이 들었어요.

수채 물감으로 글씨를 써보기 시작한 이유는 그림에 자신이 없었기 때문이에요. 하지만 그림 대신 물감만으로도 계절감이나 전하고 싶은 감정을 충분히 표현할 수 있다는 걸 알게 되었어요. 봄에는 노란색과 연두색으로 파릇파릇함을 담고, 여름에는 파란색과 초록색으로 시원함과 싱그러움을 글씨에 담을 수 있어요. 색을 곁들이면 글씨가 그림처럼 보이기도 하고, 평소에 생각지 못했던 아이디어가 떠오르기도 하죠.

이렇게 써보면서 색과 친해지고 물감에 익숙해진 후에 그림을 조금씩 그리기 시작했어요. 하트, 나뭇잎, 간단한 꽃 같은 것들을 한 번, 두 번 그리다 보니 어느 순간 자신감이 생겼어요. 캘리그라피를 하기 전에는 그림을 그려본 적이 없어서, 나는 그림은 못 그리는 사람이라고 생각했는데 말이에요. 아마 그림을 너무 어렵게 생각했기 때문이었던 것 같아요. 쉬운 것부터 시작하면 되는데 미리 못한다고 생각해 겁을 먹고 있었던 거죠. 하지만 캘리그라피에 곁들이는 그림은 화려하거나 디테일하지 않아도 글씨와 잘 어우러진다는 걸 알게 되자, 조금씩 용기가 생기고 재미도 알게 되었어요.

이 책은 우선 물감으로 수채 캘리그라피 쓰는 연습부터 시작해 글씨와 어울리는 간단한 그림 그리기, 마지막으로 조금 화려한 그림까지 연습할 수 있도록 구성했어요. 꼭 똑같은 색을 사용하지 않아도 괜찮으니 마음껏 써보고 그려보세요. 그렇게 하나하나 연습하는 사이 자신이 좋아하는 색을 발견하게 되고, 몰랐던 재능을 찾게 될 수도 있으니까요.

예쁘고 고운 색을 글씨에 담아 마음 화사한 날들 보내시길 바라요.
그럼, 우리 함께 수채 캘리그라피에 빠져볼까요?

2020년 여름
제주에서 캘리애 배정애

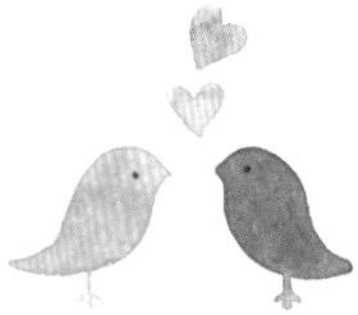

Contents

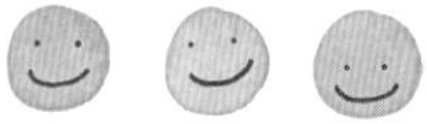

Part 1
감성 가득, 수채 캘리그라피

Part 2
작고 귀여운 수채화로 포인트 주기

Part 3
풍성한 그림 곁들이기

※ 일러두기
이 책에 실린 수채 캘리그라피 및 그림은 스캔과 인쇄 과정을 거치기 때문에 원본 색과 다를 수 있습니다.

① 워터브러시 - ZIG 워터브러시 (대)

워터브러시는 물을 넣어서 사용하는 붓펜이에요. 내장된 물통에 물을 채운 뒤 손잡이 부분을 살짝 누르면 붓모로 물이 공급되는 방식이에요. 붓에 물감을 묻혀 쓰다가 다른 색을 사용하고 싶을 때 붓을 씻어낼 필요 없이 화장지에 닦아내기만 하면 돼서 어떤 장소에서든 물감만 있으면 편하게 쓸 수 있어요. 사이즈는 붓모의 굵기에 따라 대, 중, 소로 나뉘는데, 글씨와 그림에 다 같이 사용하는 경우에는 '대'를 추천해요.

② 물감 - 신한 SWC

이 책에서 사용한 물감은 신한 SWC 32색이에요. 이 색을 기본으로 하고, 추가로 필요한 색은 파스텔 톤의 물감을 별도 구매해 사용했어요. 고체 물감보다는 튜브형 물감을 구입해서 팔레트에 짜서 잘 말린 뒤 사용하는 것을 추천해요.

③ 팔레트 - 흥일 미니 팔레트

팔레트는 물감을 짜서 휴대할 수 있어야 하므로 사이즈는 미니, 칸은 39 정도가 좋아요. 팔레트에 색색의 물감을 짠 뒤 그늘에서 일주일 정도 바람에 말려주세요. 물감이 잘 마르면 네임펜으로 각각의 색 이름을 적어주세요. 비슷한 색이 많기 때문에 이렇게 적어놓으면 사용할 때 편해요.

④ 종이 - 수채화 용지

수채 캘리는 물을 사용하기 때문에 백상지나 A4 용지에 연습하면 색이 제대로 표현되지 않고 종이가 찢어지기도 해요. 그래서 수채화 전용지를 사용하는 게 좋아요. 수채화 용지는 질감에 따라 황목, 중목, 세목으로 나뉘는데 황목이 가장 거칠고 세목이 가장 부드러워요. 이 책에서는 파브리아노의 수채 엽서지 200g과 띤또레또 300g을 주로 사용했어요. 글씨만 쓰고 그림이 많이 들어가지 않을 때는 200g 정도의 세목을, 물을 많이 사용하는 그림이 들어갈 때는 300g 이상의 종이를 써야 해요.

⑤ 있으면 좋아요

· 휴지

워터브러시에 묻은 물감을 다른 색으로 바꾸고 싶을 때 붓을 닦아내기 위해 필요해요. 워터브러시의 손잡이 부분을 눌러 물을 붓모로 내려보낸 다음 휴지에 찍어주면 붓에 남아 있던 물감이 깨끗이 지워져요.

· 라이너 (파버카스텔 에코 피그먼트 0.2)

라이너는 수채 캘리에 곁들이는 그림 중 나뭇잎의 잎맥이나 선인장의 가시를 표현할 때, 웃는 표정 등을 그릴 때 사용해요. 물에 번지지 않는 펜이라서 그림을 먼저 그린 다음 채색하기도 좋아요.

· 마스킹 테이프

글씨 쓸 공간을 비워두기 위해 사용하면 좋아요. 종이에 미리 마스킹 테이프를 붙여놓고 물감을 칠하거나 그림을 그리면 그 자리에만 물감이 묻지 않기 때문에, 물감이 마른 뒤 테이프를 떼어내고 그 자리에 글씨를 쓰면 돼요.

· 시그노 펜 (화이트 또는 골드)

밤하늘을 표현한 그림이나 진한 바탕색 위에 그림을 그릴 때 사용해요.

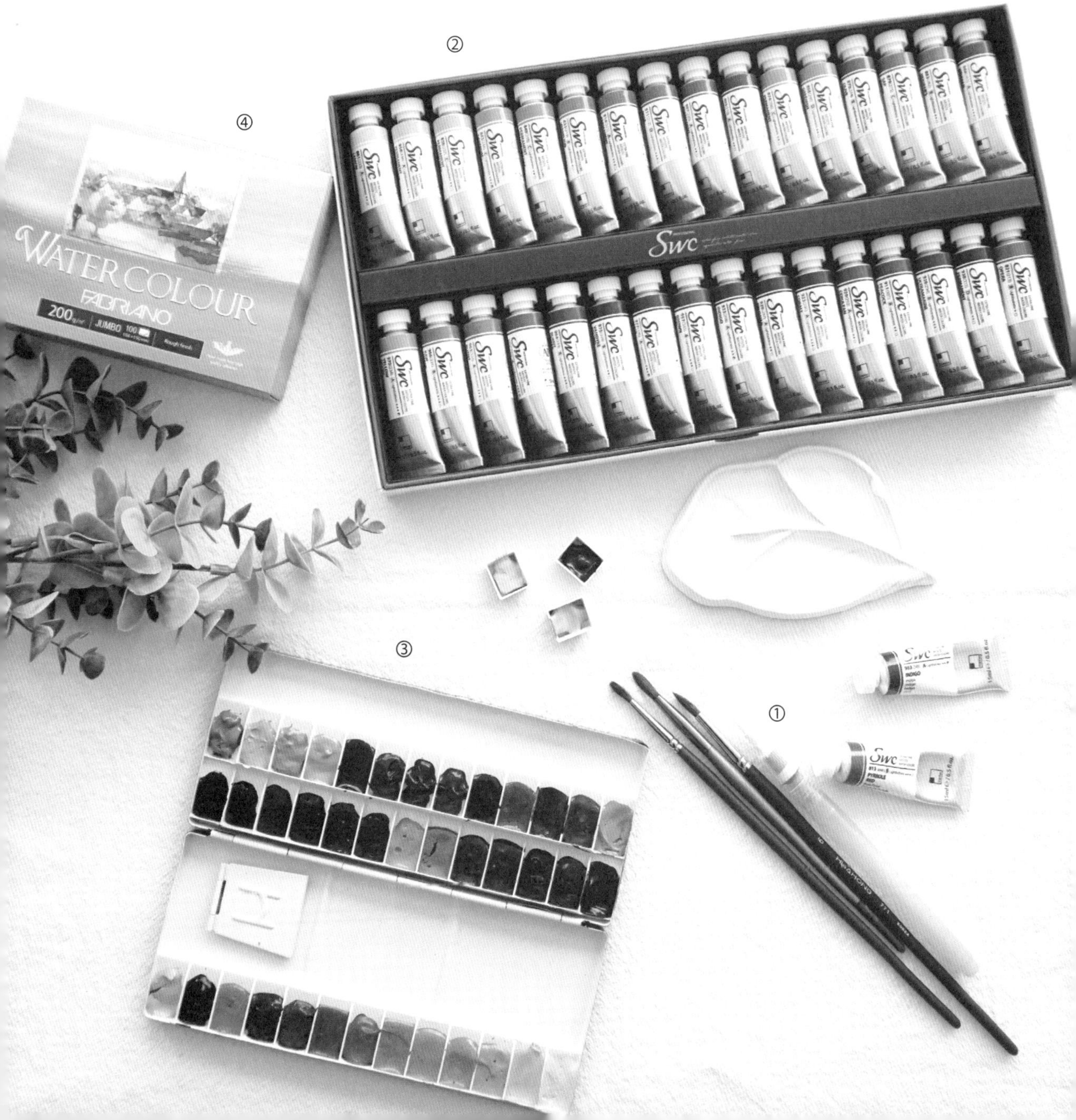
②
④
WATER COLOUR
FABRIANO
200
JUMBO
Swc
③
①
INDIGO
PYRROLE
RED

워터브러시와 친해지기

수채 캘리그라피는 검은색 잉크와 붓펜 대신 여러 가지 물감과 워터브러시로 도구만 바뀌었다고 생각하면 돼요. 하지만 워터브러시는 보통의 붓과 달리 물통에 담긴 물을 붓모로 내려보내며 농도를 조절하는 방식이어서, 익숙해지기까지는 연습이 필요해요. 붓모에 물이 넉넉하게 스며들어 있어야 글씨를 쓰거나 그림을 그릴 때 번지는 효과가 자연스럽게 나와요. 물의 양이 적으면 마른 후 발색이 예쁘지 않으니 많이 연습해서 감을 익혀보세요. 꽃을 그리거나 나뭇잎을 그릴 때 색이 번지는 걸 겁내지 말고 과감하게 그려보면 생각지 못한 다양한 효과를 낼 수 있어요.

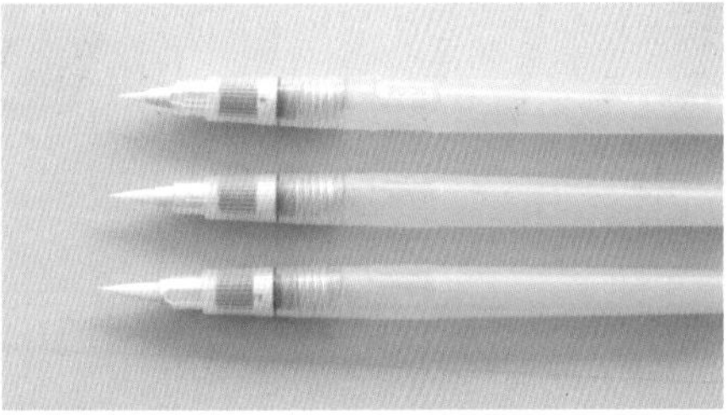

붓모의 굵기에 따른 워터브러시의 크기(위에서부터 소, 중, 대)

물감과 친해지기

처음 물감을 사용하면 어떤 색을 어떻게 써야 하나 망설여지는 게 당연해요. 어떤 색을 써야 할지 모르겠다면 비슷한 계열의 색부터 사용해보세요. 좋아하는 색을 먼저 써보는 것도 좋아요. 써보면서 색과 친해지면 자신의 글씨와 어울리는 색이 무엇인지, 서체나 문장 느낌과 잘 어울리는 색은 무엇인지 자연스럽게 알게 돼요.

팔레트 활용하기

팔레트에 있는 물감을 붓에 묻혀서 바로 글씨를 쓰면 색이 너무 진하게 나오고 농도 조절하기도 힘들어요. 붓에 물감을 묻혀서 팔레트의 빈 공간에 풀어주면서 색의 농도를 확인한 다음 써보세요. 팔레트에 물감을 풀어서 사용하면 다른 색과 섞기도 좋고, 같은 색이라 해도 농도 조절하기가 쉬워요.

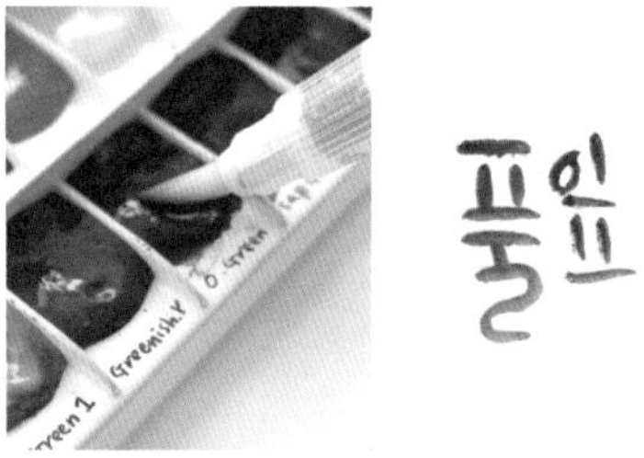

물감을 묻혀 바로 썼을 때

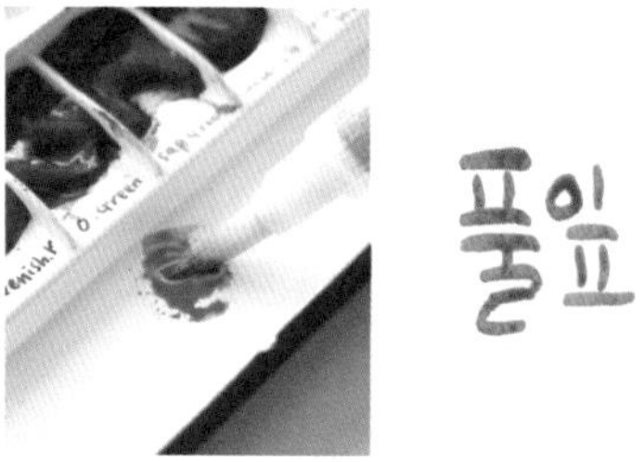

물감을 팔레트에 풀어 썼을 때

농도 조절하기

수채의 매력은 같은 색도 물의 양에 따라 다양한 농도로 표현할 수 있다는 점이에요. 팔레트에 물감을 풀어놓고, 물의 양을 조절해가며 색을 사용해보세요. 워터브러시는 물의 양을 조절하지 않아도 쓰면서 자연스럽게 연해지기 때문에 일반 붓에 비해서는 농도 조절하기가 조금 쉬워요. 처음에 붓에 묻히는 물감의 농도를 다양하게 연습해보세요. 너무 연하게 쓰면 마른 후에 글씨가 안 보이는 경우가 있으니 주의하세요. 혹시 너무 진하게 표현되어 수정하고 싶다면 깨끗한 붓으로 색을 한두 번 닦아내면 색이 빠지면서 조금씩 연해져요.

물의 양에 따른 색감 차이. 오른쪽으로 갈수록 물이 많이 섞였다.

색은 조화롭게 사용하기

사칫하면 글씨와 그림에 너무 많은 색이 들어가는 경우가 있어요. 글씨만 쓸 때는 그렇게 해보는 것도 괜찮지만 그림까지 여러 색을 써서 그리다 보면 점점 화려해지고, 시선이 분산되어 글씨에 집중할 수가 없어요. 다양한 색을 쓰기보다는 비슷한 계열의 색을 사용하거나 포인트를 주고 싶은 부분에만 대비가 되는 색을 사용해보세요.

글씨 먼저, 그림은 나중에

글씨의 자음이나 모음에 그림을 넣을 수 있다면 글씨 대신 그림을 그려보세요. (예: 달, 별) 글씨 안에 그림이 들어가기 때문에 주변에 많은 그림을 그릴 필요가 없어요. 이처럼 글자 자체를 그림으로 활용하는 연습도 해보세요.

꼭 그림을 먼저 그려야 하는 경우가 아니라면 글씨를 쓰고 나서 그림을 그리는 게 좋아요. 글씨를 쓰다가 생각한 것과 다른 구도가 나왔다면 그림의 위치를 바꿔서 그리면 되니까요. 꼭 책에 나온 대로 하지 않아도 괜찮으니 그림의 위치는 다양하게 바꿔서 그려보세요.

한 글자 안에 다양한 색 표현하기

· 물의 양을 많게 해서 글씨를 쓴 다음, 물이 마르기 전에 다른 색을 톡톡 찍어주세요. 그러면 두 가지 색이 자연스럽게 섞여요. 칠한다는 느낌으로 덧칠을 하면 색이 탁해지거나 두 가지 색이 섞이면서 다른 색이 나오게 되니, 전체 색이 섞이지 않도록 주의하면서 톡톡!

· 워터브러시의 가장 큰 장점은 붓을 씻어내지 않아도 된다는 거예요. 예를 들어 노란색으로 글씨를 쓰다가 이 색을 씻어내지 않고 빨간색을 묻혀서 쓰면 두 가지 색이 자연스럽게 섞이면서 다른 색감이 나와요. 저는 글씨를 쓸 때 팔레트에 풀어놓은 물감들을 이런 방법으로 섞어서 많이 사용해요.

· 색이 섞인 것보다 깔끔한 색을 선호한다면 워터브러시에 묻은 색을 완전히 닦아내거나 씻어낸 후에 다른 색을 묻혀서 사용해보세요. 글자마다 다른 색으로 써보거나 한 글자 안에서도 자음 모음에만 색의 변화를 줘도 좋아요.

넓은 면 색칠하기

큰 꽃잎이나 배경처럼 넓은 면을 칠해야 할 때는 붓대를 뒤쪽으로 눕히듯이 잡고 붓모 전체를 이용해서 그려보세요. 그리는 방향은 되도록이면 한 방향이어야 해요. 그리는 방향이 일정하지 않으면 마른 후에 붓이 지나간 자국이 얼룩처럼 보여서 예쁘지 않아요.

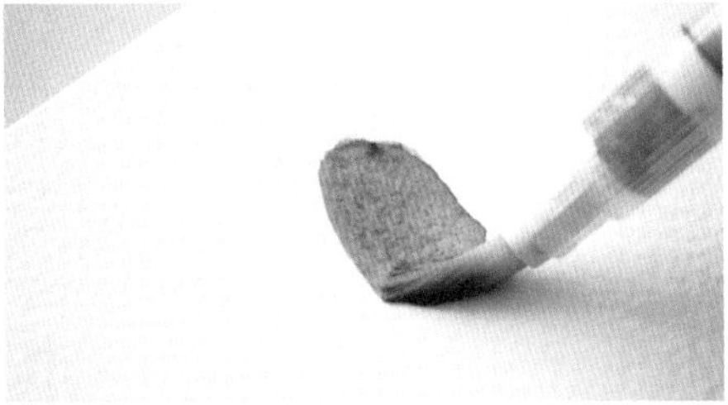

붓모를 눕혀서 한 방향으로 칠해요.

가는 선 그리기

리스나 나뭇가지 등은 가늘게 그려야 예뻐요. 붓에 물기가 많으면 물의 양 때문에 선이 굵게 나올 수 있으므로 최대한 물기를 닦아내고 물감을 붓 끝에 살짝 묻혀서 선을 그어요. 또 꽃을 그린 후 안에 꽃 수술을 그릴 때도 물감이 다 마른 후에 붓 끝에 물감을 살짝 묻혀서 그리는 게 좋아요.

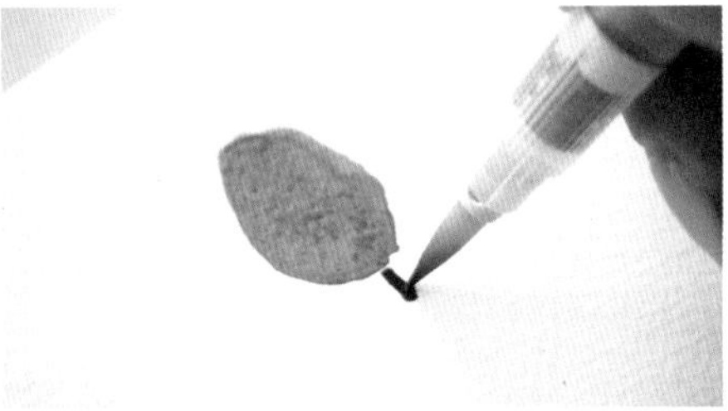

붓 끝에만 물감을 묻혀 붓모를 세운 뒤 그리세요.

기다림에 익숙해지기

수채 캘리는 물을 사용하기 때문에 물감이 마르는 동안 기다리는 시간이 필요해요. 글씨를 쓰고 그림을 그릴 때도 항상 물감이 잘 말랐는지 확인해야 해요. 그림 먼저 그리고 글씨를 쓸 때도 마찬가지고요. 항상 내 작품의 물감이 잘 말랐는지 확인하고 소중하게 다뤄주세요.

살랑살랑

경쾌하고 발랄하고 서정적인 느낌을 표현하기 좋은 서체예요. 가로획의 끝을 위로 살짝 올려 쓰고, 모음 'ㄹ'을 길게 흘려 쓰면 화려한 느낌을 살리기 좋아요.

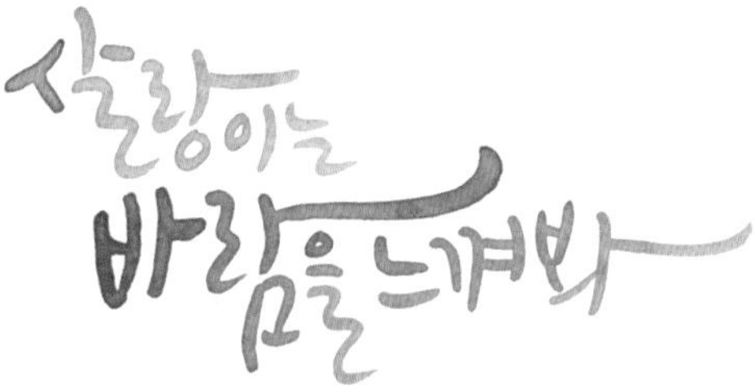

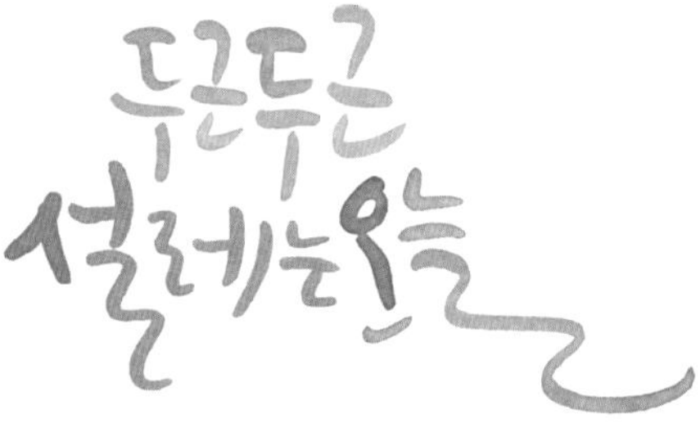

토닥토닥

수수하고 담백하지만 왠지 힘이 나는, 듬직한 느낌의 서체예요. 위로의 메시지를 전할 때 써보세요. 메시지에 걸맞게 브라운이나 그린 계열의 색을 쓰면 글씨에 좀 더 힘을 실어줄 수 있어요.

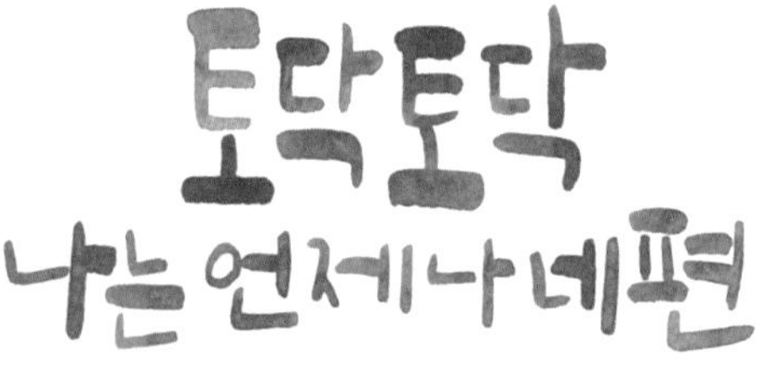

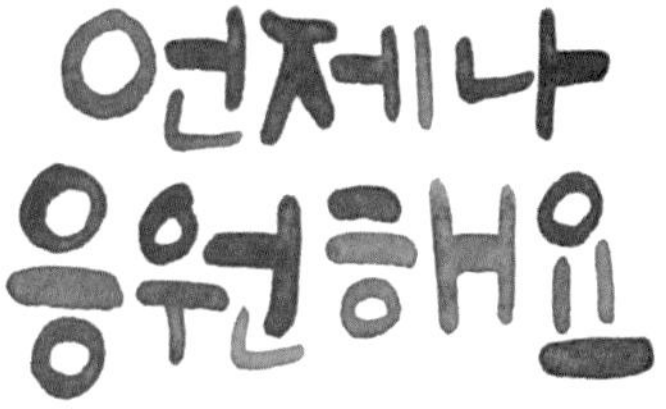

콩닥콩닥

동글동글 귀엽고 깜찍한 느낌과 잘 어울려요. 자음을 크고 둥글게 강조하면서 쓰면 사랑스런 느낌이 더욱 잘 살아나요. 메시지에 맞게 핑크나 상큼한 오렌지색, 노란색 등으로 써보세요.

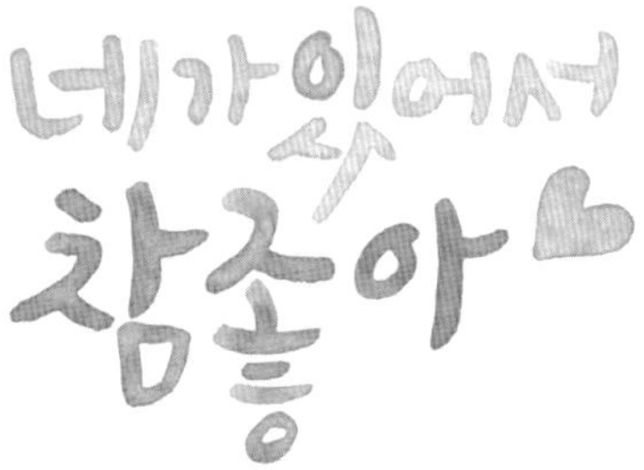

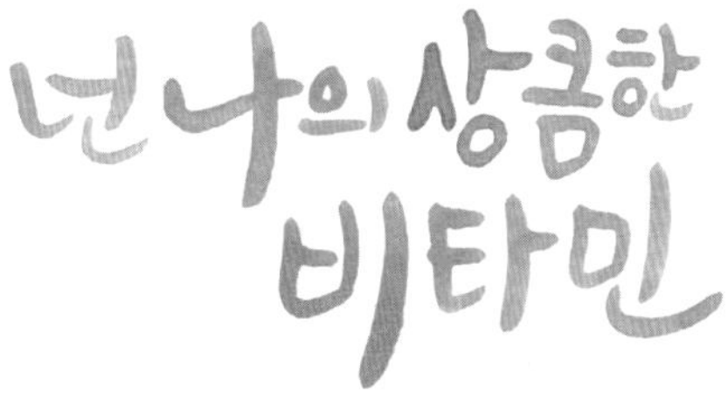

펄럭펄럭

활기차고 역동적인 느낌을 잘 표현해주는 서체예요. 용기를 북돋워주는 문구, 힘 있는 메시지를 전달할 때 푸른 계열 물감을 이용해 써보세요. 조금 더 진한 색도 잘 어울려요.

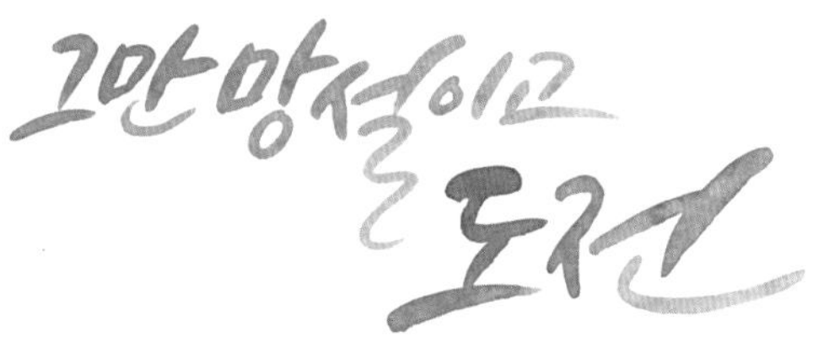

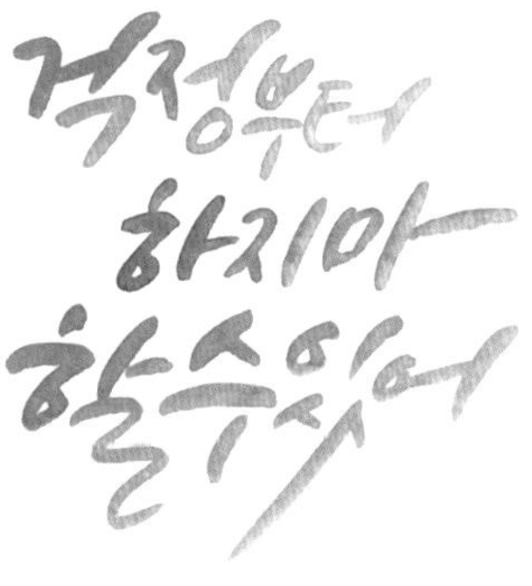

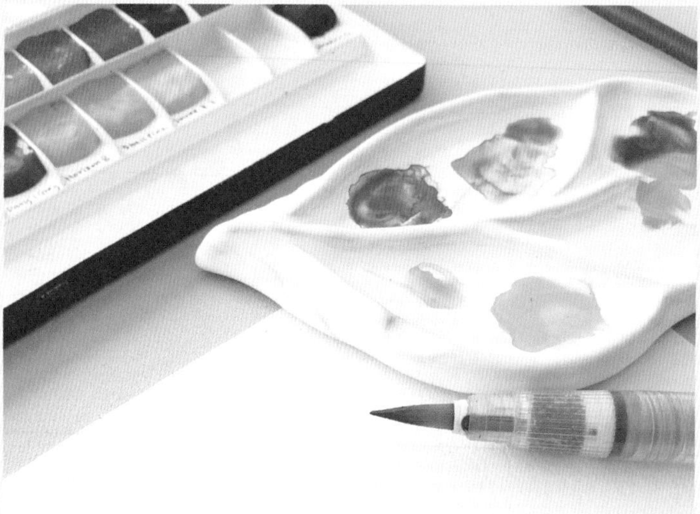

Part 1

ㅇ

감성 가득, 수채 캘리그라피

오늘도 활짝 웃으며 시작

Type 살랑살랑

Color Chip Permanent Yellow Deep

포인트 퍼너먼트 옐로 딥 한 가지 색으로 농도 조절을 하면서 써보세요. 이때 색이 너무 연해지지 않도록 주의하세요. 살랑살랑체는 선이 날리는 것처럼 화려하게 쓰는 게 포인트예요. '웃'의 'ㅅ'을 왼쪽으로 길게 쓰고, 마지막 줄 '시'의 모음과 '작'의 모음 가로선을 길게 써서 화려함을 더해주세요.

따라 써보세요

당신은 누구보다 소중한 사람입니다

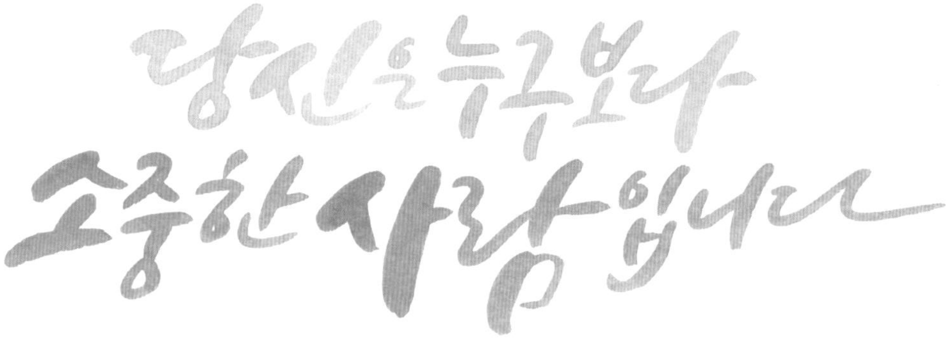

Type 펄럭펄럭

Color Chip

Permanent Yellow Light / Permanent Yellow Orange

포인트 첫 번째 줄은 퍼머넌트 옐로 라이트로, 두 번째 줄은 같은 색 계열지만 조금 짙은 퍼머넌트 옐로 오렌지로 써서 글씨에 변화를 줘보세요. '누구'를 쓸 때는 모음의 가로선이 나란히 오지 않게, 어긋나도록 배치하면 재미있어요. 두 번째 줄의 '사람'을 크게 써서 강조해주세요.

따라 써보세요

따라 써보세요

혼자 써보세요

언제나 내 편이 되어줘서 고마워요

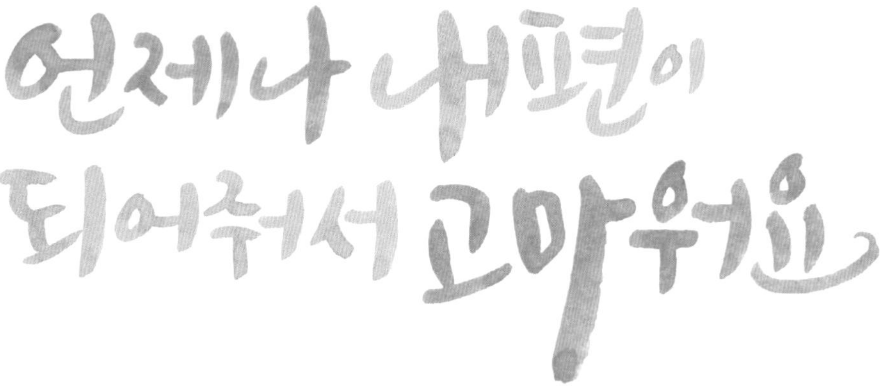

Type 콩닥콩닥

Color Chip

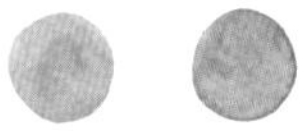

Permanent Yellow Orange **Sap Green**

포인트 오렌지색과 그린은 상반된 계열의 색이지만, 두 가지를 섞으면 비슷한 계열의 색감을 낼 수 있어요. '언제나'와 '고마워요'는 퍼머넌트 옐로 오렌지로, '내 편이 되어줘서'는 퍼머넌트 옐로 오렌지와 샙 그린을 섞어서 써보세요. 조사 '이'는 작게 쓰고, '고마워요'에서 '마'의 모음을 아래로 길게, '요'의 가로선을 미소 짓는 것처럼 위로 살짝 올려 포인트를 주세요.

따라 써보세요

따라 써보세요

혼자 써보세요

괜찮아, 다 잘될 거야

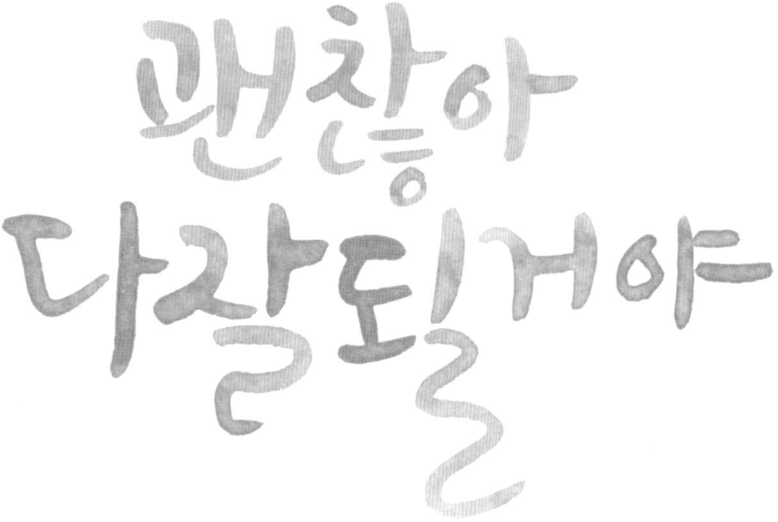

Type 콩닥콩닥

Color Chip

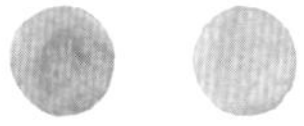

Permanent Yellow Orange Shell Pink

포인트 완전히 다른 계열의 두 가지 색을 사용해서 쓰면 각 단어에 차례대로 눈이 가도록 할 수 있어요. 두 문장은 가운데 정렬로 맞춰서 쓰고, '될'의 받침 'ㄹ'은 흘려 쓰세요. '잘될'처럼 'ㄹ' 받침이 연속으로 올 경우에는 다르게 써서 변화를 주면 좋아요.

따라 써보세요

따라 써보세요

마음이 예쁜 네가 참 좋아

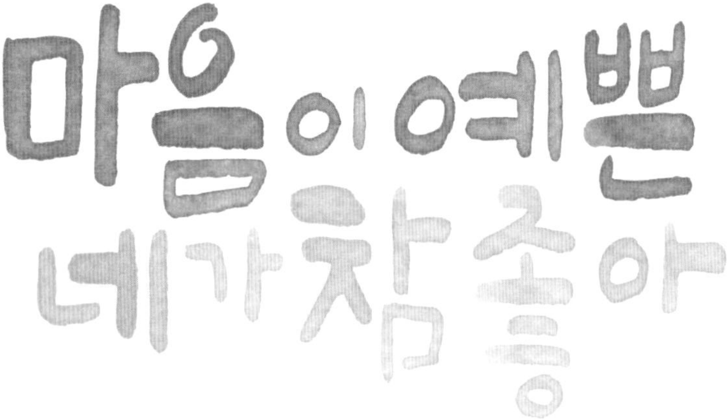

Type 토닥토닥

Color Chip

Vermilion Hue　Permanent Yellow Deep

포인트 토닥토닥체의 특징인 직선을 사용해서 또박또박 쓰세요. '마'에 나오는 모음 'ㅏ'의 가로획과 '음'의 모음 'ㅡ'가 나란히 놓이거나 겹치지 않도록 어긋나게 쓰고, 두 번째 줄의 '참'은 윗부분에 빈 공간이 생기지 않도록 꽉 채워서 쓰세요.

따라 써보세요

마음이 예쁜

따라 써보세요

이 예쁜

혼자 써보세요

선물 같은 오늘을 살아요

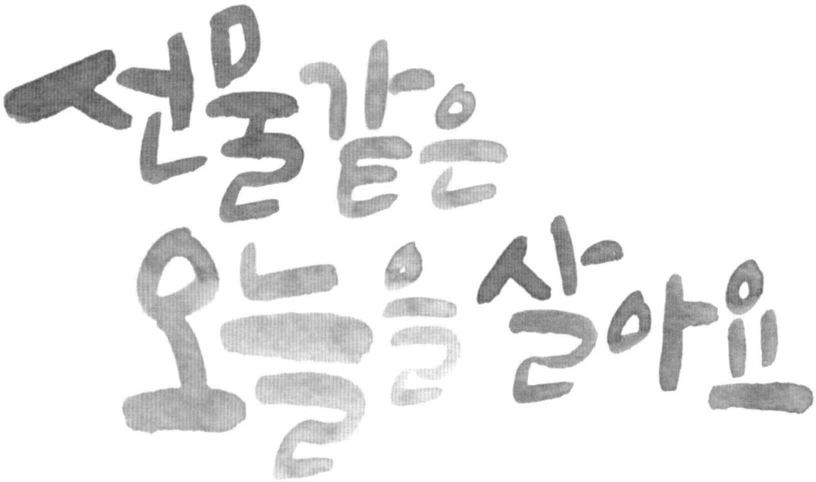

Type 토닥토닥

Color Chip

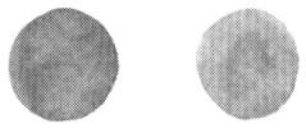

Vermilion Hue

Permanent Yellow Orange

포인트 같은 색이 한쪽으로 오지 않게 '선물'과 '살아요'는 버밀리언 휴로, 나머지 글씨는 퍼머넌트 옐로 오렌지로 쓰세요. 직선을 많이 사용하는 서체에서는 'ㄹ'을 흘려서 쓰는 것보다는 직선만 사용해서 쓰는 게 좋아요. '오늘을 살아요'에서처럼 받침에 'ㄹ'이 연속해서 올 때는 글씨 높낮이와 크기를 조절해 변화를 주세요.

따라 써보세요

따라 써보세요

오늘이 꽃처럼 예쁜 날이기를

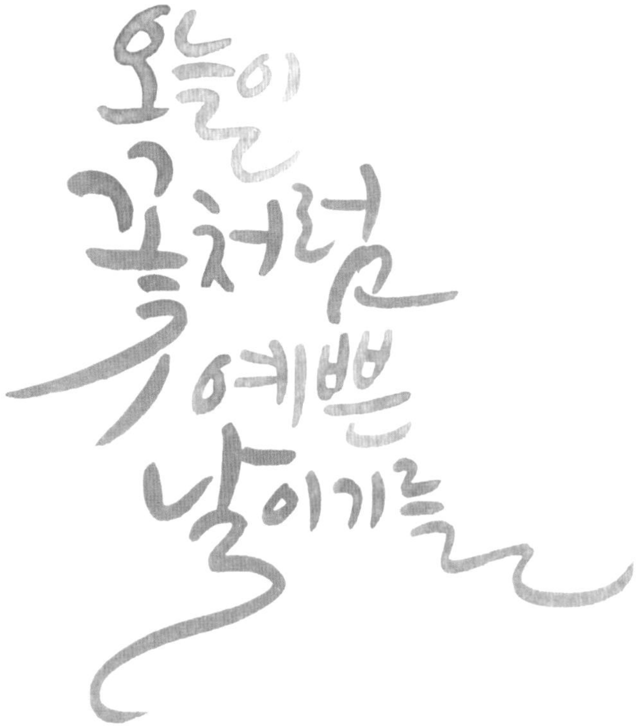

Type 살랑살랑

Color Chip

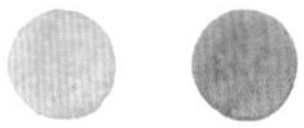

Shell Pink　Rose Madder

포인트 꽃잎을 표현하기에 좋은 핑크 계열의 비슷한 색을 한 줄씩 교차해서 써보세요. '꽃'과 '날'의 받침을 강조해서 바람에 날리듯이 쓰고, 'ㄹ'을 전체적으로 흘려서 쓰면 살랑거리는 느낌이 나요. 자신감을 가지고 과감하게 써 보세요.

따라 써보세요

따라 써보세요

그대를 사랑합니다

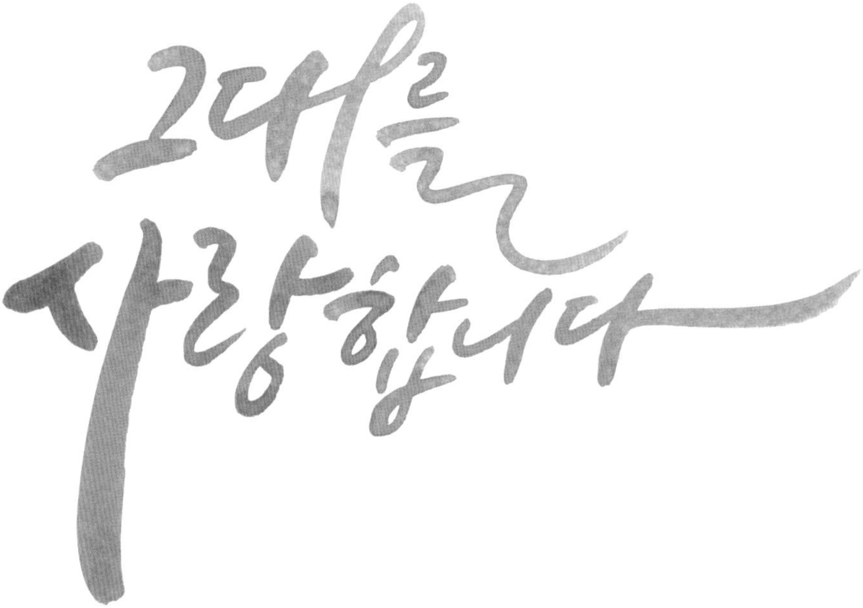

Type 살랑살랑

Color Chip

Rose Madder

포인트 로즈 매더 물감과 살랑살랑체로 낭만적인 분위기를 연출해보세요. '대'의 모음을 가로획에서 세로획으로 연결해서 쓰면 좀 더 부드러운 느낌을 살릴 수 있어요. 스프링을 그린다는 느낌으로 쓰면 돼요. '사'는 모음을 길게 내려 써서 강조하고, 마지막 '다'의 모음 가로획은 길게 파도 치듯이 쓰세요.

따라 써보세요

따라 써보세요

최고로 행복한 날 보내요

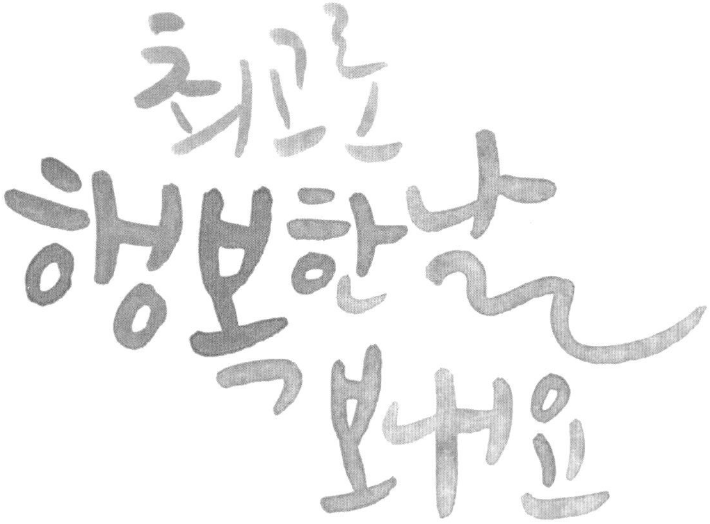

Type 콩닥콩닥

Color Chip

Shell Pink　Vermilion Hue

포인트 파스텔 톤의 셸 핑크가 조금 연하다 싶으면 다른 색을 섞어서 써보세요. 여기서는 셸 핑크의 색감을 유지하면서 좀 더 진하게 표현하기 위해 버밀리언 휴를 살짝 섞어 썼어요. 섞을 때 물을 많이 사용하면 마른 후에 글씨에 테두리가 생기는데, 붓에 물이 많을수록 이런 느낌이 강해지니 참고해서 농도를 조절하세요. '날'의 'ㄹ'은 오른쪽으로 흘려서 쓰세요.

따라 써보세요

따라 써보세요

설렘이라는 소중한 선물

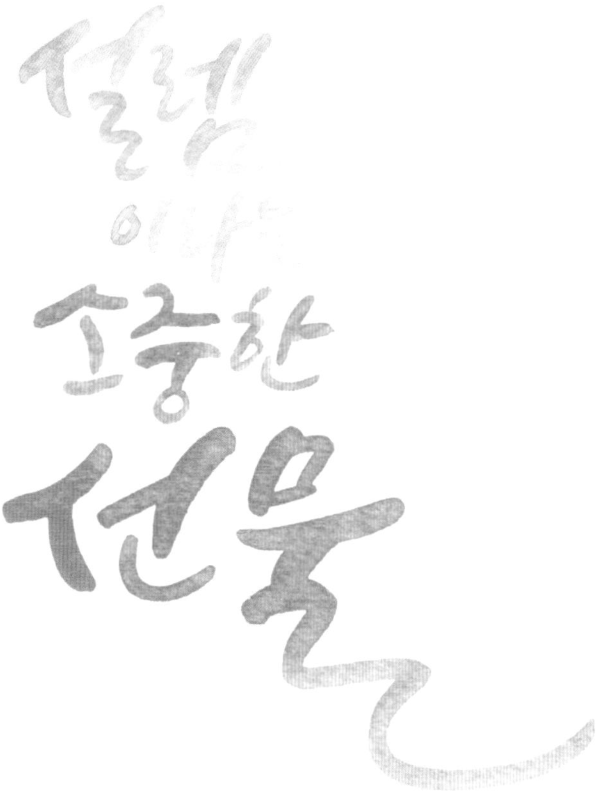

Type 살랑살랑

Color Chip

Horizon Blue　Shell Pink

포인트 파스텔 톤의 두 가지 대비되는 컬러를 사용해서 써보세요. 색이 섞이지 않도록 워터브러시에 남은 호라이즌 블루를 깨끗이 닦아낸 뒤 셸 핑크를 묻혀야 해요. '설렘'의 'ㅁ' 끝을 위로 올려주면 발랄한 느낌이 나요. 마지막의 '선물'을 크게 강조해서 쓰세요. 살랑살랑체이니만큼 'ㄹ'을 잘 활용하면 좋겠죠?

따라 써보세요

따라 써보세요

소중하게 키우는 나의 꿈들

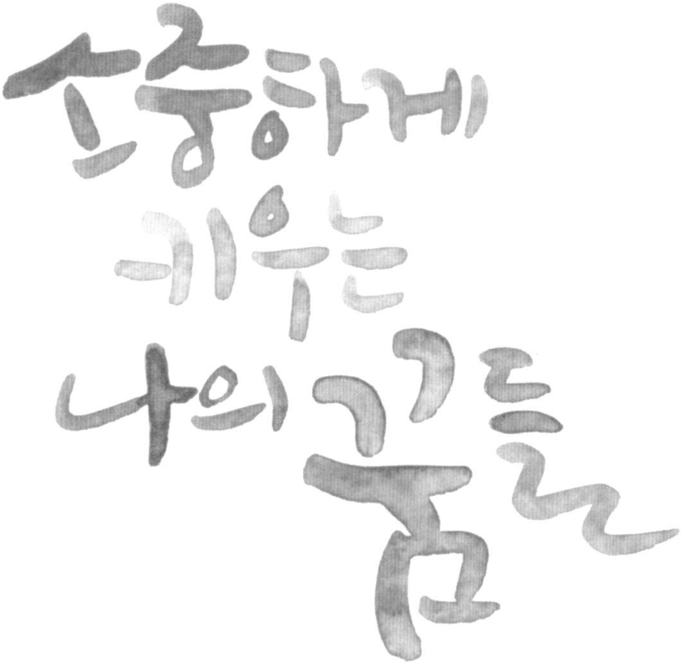

Type 콩닥콩닥

Color Chip

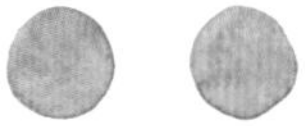

Sap Green Olive Green

포인트 진한 색으로 시작해서 점점 연하게 써보세요. '소중하게'는 샙 그린을 많이 묻혀서 쓰고, '키우는'은 물을 많이 머금게 해서 연하게 쓰면 다른 색 느낌이 나요. '나의 꿈들'은 올리브 그린으로 써보세요. 이때 붓에 물을 많이 머금게 하고 써서 글자에 테두리가 생기도록 하면 그 글자가 강조돼요. 처음에는 물의 양을 조절하기 힘들지만 익숙해지면 자연스러운 효과를 넣을 수 있어요.

따라 써보세요

따라 써보세요

함께라서 설레는 순간

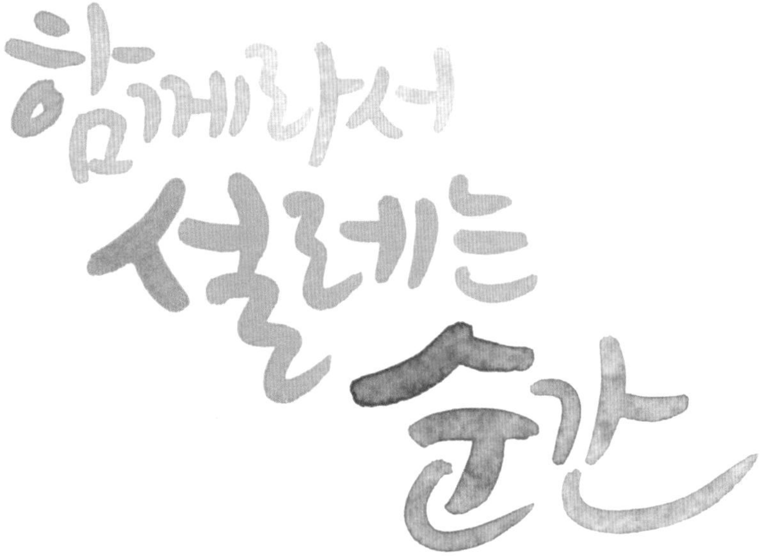

Type 콩닥콩닥

Color Chip

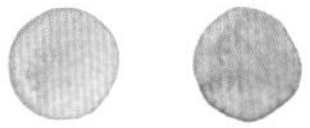

Yellow Ochre　Olive Green

포인트 옐로 오커에 물을 많이 섞어서 연한 색을 표현하고, 뒤로 갈수록 물감을 더 묻혀서 진한 색이 나오도록 쓰면 한 가지 물감으로도 다른 색감을 낼 수 있어요. 마지막 글자인 '순간'은 올리브 그린을 사용해서 쓰고 받침 'ㄴ'의 끝을 위로 올려서 포인트를 주세요.

따라 써보세요

따라 써보세요

항상 널 위해 기도하는 내가 있어

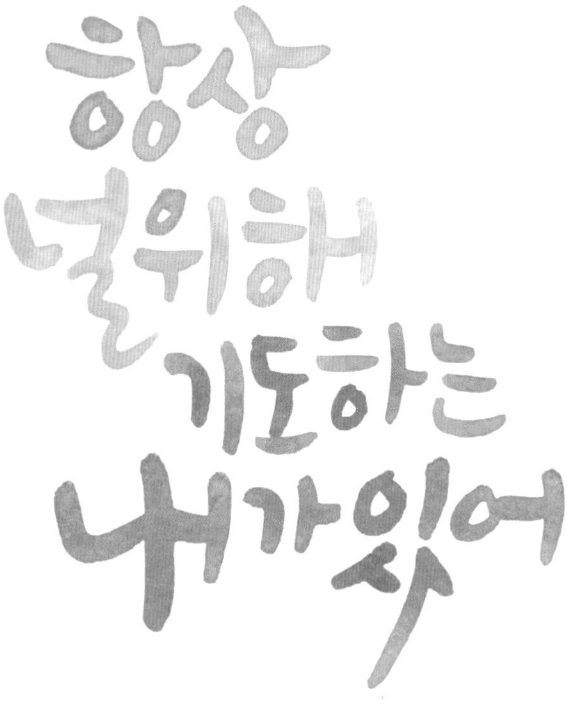

Type 콩닥콩닥

Color Chip

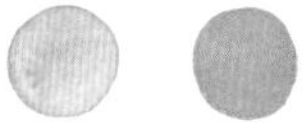

Yellow Ochre Raw Umber

포인트 차분한 느낌을 내고 싶다면 갈색 및 황토색 계열의 색을 사용해보세요. '항상 널 위해'는 옐로 오커로 '기도하는 내가 있어'는 로 엄버로 쓰세요. '널'의 'ㄹ'을 강조하되, 콩닥콩닥체의 느낌을 살려주세요. 마지막 줄의 '내가 있어'는 조금 크게 쓰고, '있'의 'ㅅ'을 길게 써서 강조해주세요.

따라 써보세요

따라 써보세요

걱정은 접어두고 일단 시작

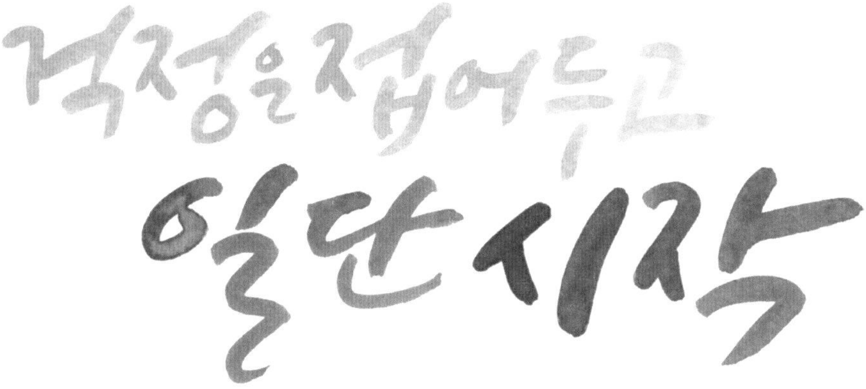

Type 펄럭펄럭

Color Chip

Horizon Blue

Prussian Blue

포인트 시원하면서도 활기찬 느낌을 주고 싶으면 푸른색 계열로 써보세요. 첫 줄은 호라이즌 블루, 두 번째 줄은 프러시안 블루를 사용했어요. 같은 색을 쓰더라도 물보다 물감의 양을 많이 하면 좀 더 진한 색을 표현할 수 있어요. '시작'을 쓸 때 물감을 조금 더 묻혀서 써보세요. 두 번째 줄 '일'의 'ㄹ'은 흘려서 쓰고 마지막 '작'의 모음 가로획은 옆으로 길게 쓰세요.

따라 써보세요

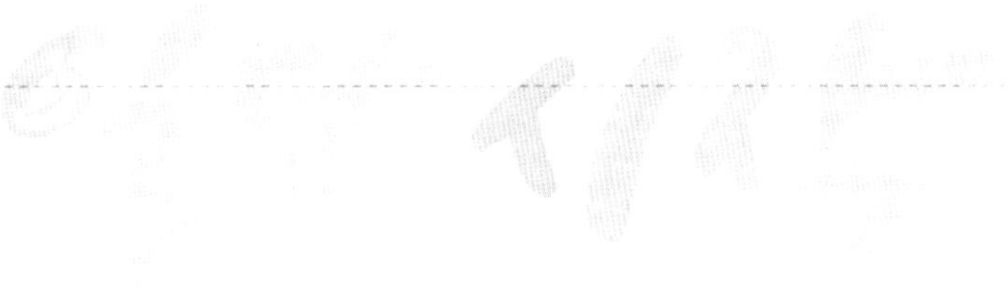

따라 써보세요

혼자 써보세요

잘해왔고 잘하고 있고 잘할 거야

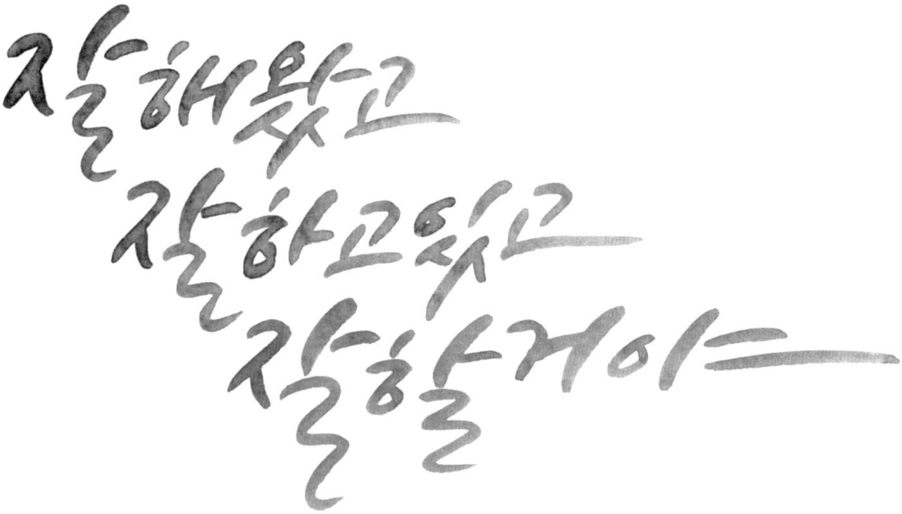

Type 펄럭펄럭

Color Chip

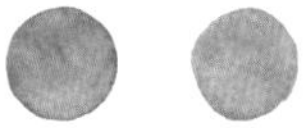

Indigo　Cobalt Blue Hue

포인트 비슷한 내용이 반복되는 문장이기 때문에 '잘'을 기준으로 각 문장을 옆으로 비껴 써서 계단 모양으로 만들었어요. 색깔 역시 그라데이션 효과를 주듯이 해서 단조로움을 피했어요. 첫 줄과 두 번째 줄은 인디고를, 마지막 '잘할 거야'는 코발트 블루 휴를 사용해 밝은 느낌이 나도록 써보세요. '야'의 가로획은 길게 써서 강조해주세요.

따라 써보세요

따라 써보세요

걱정 없는 편안한 밤 되기를

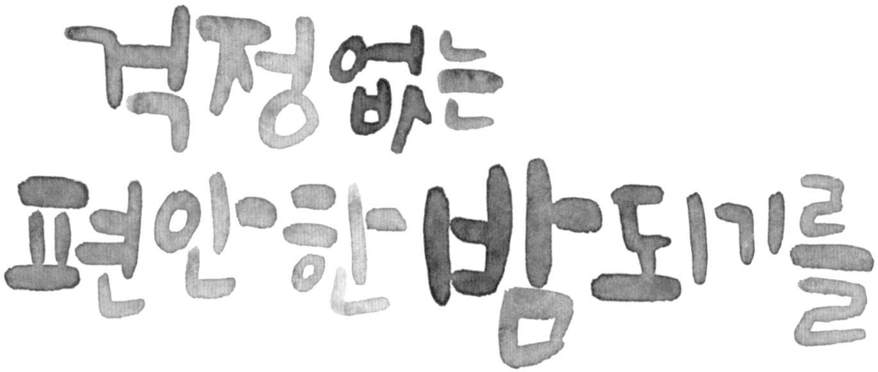

Type 토닥토닥

Color Chip

Indigo

포인트 색을 하나만 사용하더라도 물과 물감의 양을 조절해서 다양하게 표현할 수 있어요. 강조하고 싶은 부분은 물감을 좀 더 사용해서 진하게 써보세요. 토닥토닥체에서는 'ㄹ'을 흘려서 쓰기보다 또박또박 쓰는 게 좋아요. 대신 '밤'을 강조해서 포인트를 주세요.

따라 써보세요

따라 써보세요

혼자 써보세요

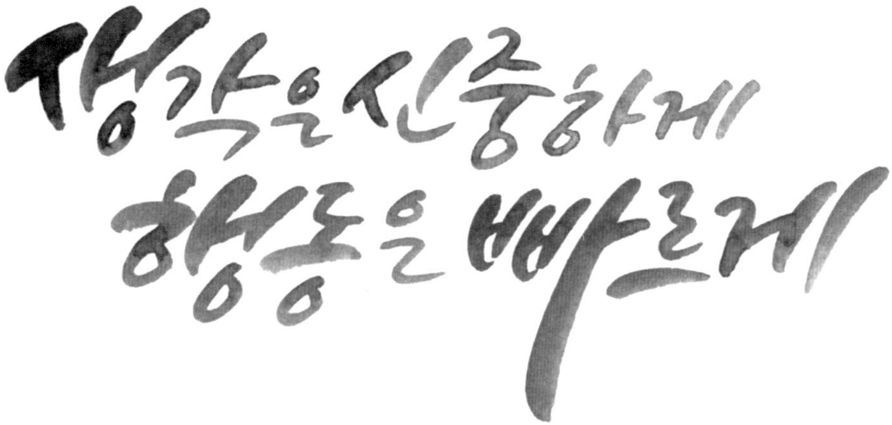

Type 펄럭펄럭

Color Chip

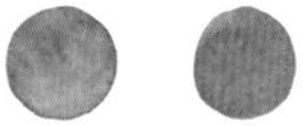

Indigo　Permanent Violet

포인트 첫 줄은 차분한 느낌의 인디고로, 두 번째 줄은 상대적으로 밝되 톤 차이가 많이 나지 않는 퍼머넌트 바이올렛으로 써보세요. 명사와 동사는 크게, 조사는 작게 써서 강약 조절을 해주세요. '빠르게'는 받침이 없으니 모음을 길게 내려 써서 속도감과 단호함을 표현해보세요.

따라 써보세요

따라 써보세요

혼자 써보세요

당신의 오늘은 맑음이길

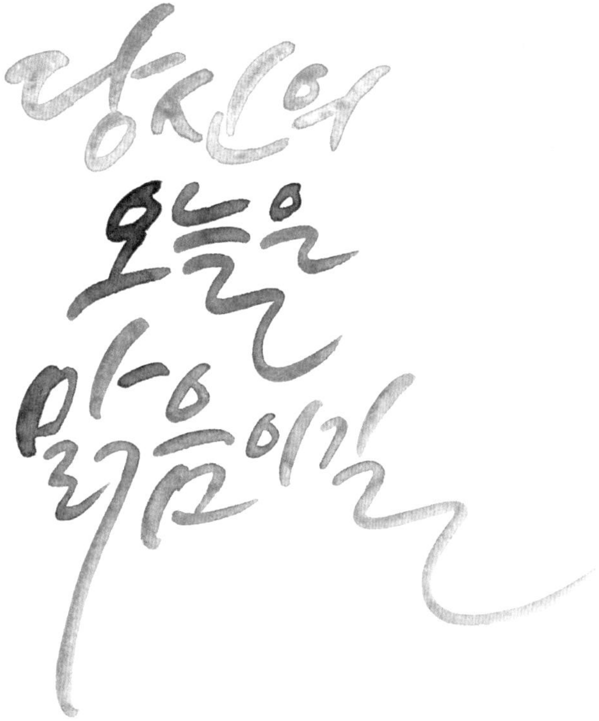

Type 펄럭펄럭

Color Chip

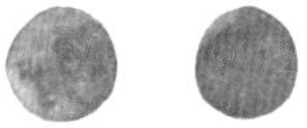

Ultramarine Deep　Permanent Violet

포인트 두 가지 물감을 섞어 새로운 느낌을 만들어보세요. 울트라마린 딥으로 첫 줄을 쓰고, 울트라마린 딥과 퍼머넌트 바이올렛을 섞어 나머지 글씨를 완성하세요. 세 줄의 글씨 색이 조금씩 다른 것이 포인트예요. 획의 끝을 위로 살짝 올리면 바람을 타는 듯한 느낌을 살릴 수 있어요. '오늘'의 'ㄹ'은 아래로 너무 내려서 쓰면 다음 문장을 방해하게 되니 조절하면서 쓰고, '맑음'의 받침 'ㄱ'을 길게 내려 쓰세요.

따라 써보세요

따라 써보세요

언제나 곁에서 힘이 될게요

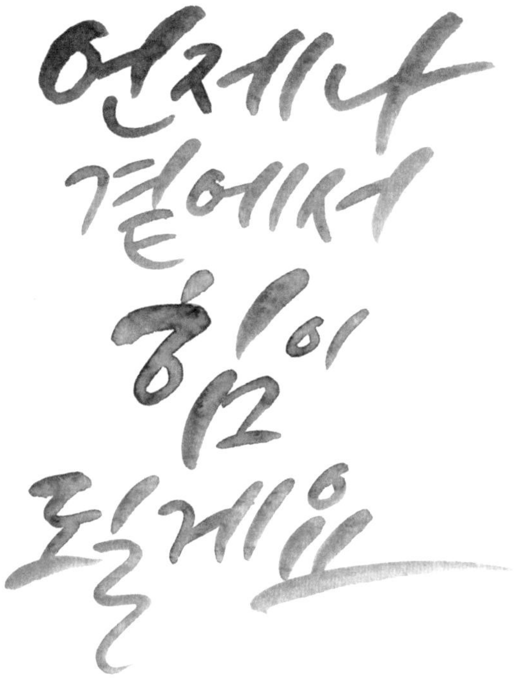

Type 펄럭펄럭

Color Chip

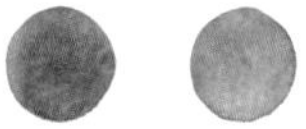

Sepia Indigo

포인트 차분한 느낌을 주는 세피아와 인디고. 화려한 느낌을 선호하지 않는다면 사용하기 좋은 색이에요. '힘'이 강조되어 보일 수 있게 옆의 조사 '이'는 작게 써주세요. 마지막 '요'의 가로획을 빠르고 힘차게 옆으로 빼주세요.

따라 써보세요

처음이라서 서툰 것뿐이야, 할 수 있어

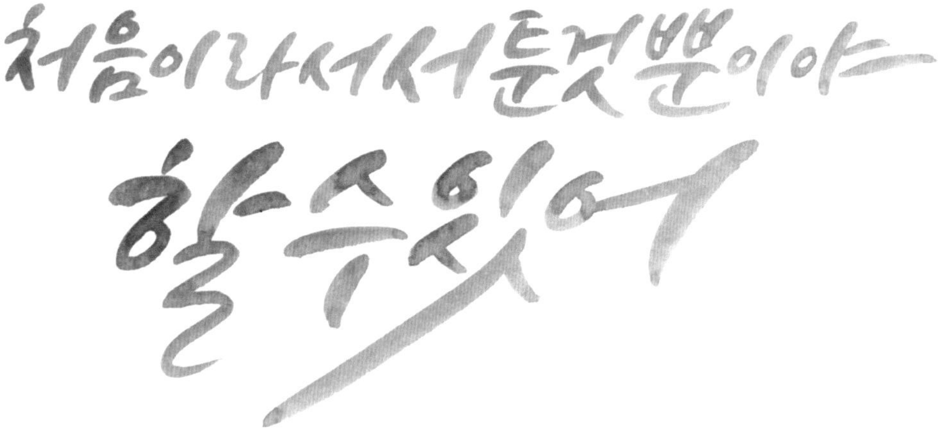

Type 펄럭펄럭

Color Chip

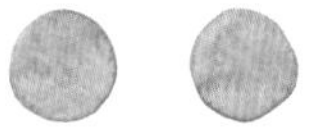

Sap Green Olive Green

포인트 샙 그린은 꽃이 피려는 봉오리에서 볼 수 있는 밝은 녹색으로, '처음'이라는 느낌을 표현하기 좋은 색이에요. 두 번째 줄의 '할 수 있어'는 올리브 그린을 사용해서 초록빛이 짙어지는 느낌을 살려보세요. '있'의 'ㅆ' 중 두 번째 'ㅅ'의 획 하나를 길게 써서 글씨에 생동감을 주세요.

따라 써보세요

따라 써보세요

혼자 써보세요

그럼에도 불구하고 도전

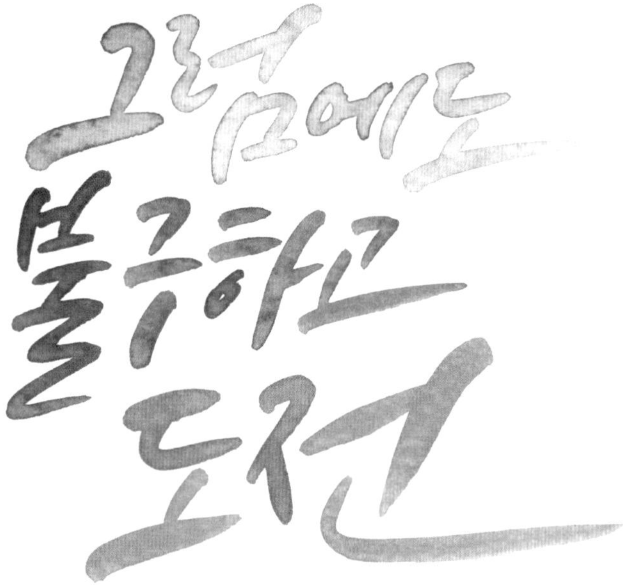

Type 펄럭펄럭

Color Chip

Indigo Rose Madder

포인트 '그럼에도 불구하고' '도전'을 각각 다른 색으로 써주세요. 첫 번째 줄은 인디고에 물을 많이 사용해서 조금 연하게 쓰고, 두 번째 줄은 물감을 더 많이 묻혀 진하게 쓰면 농도 차이가 주는 변화가 느껴져요. 마지막 줄의 '도전'은 붉은 계열의 로즈 매더를 사용해 강렬함을 살려보세요.

따라 써보세요

따라 써보세요

오늘은 좋은 날

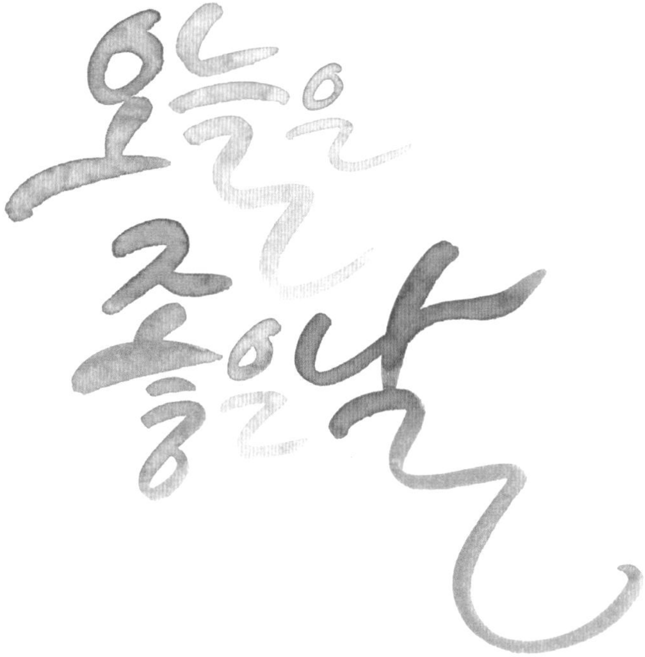

Type 살랑살랑

Color Chip

Shell Pink　Crimson Lake

포인트 비슷한 톤의 두 가지 색을 이용해서 쓰되, 물감과 물의 농도를 조절해서 강약을 표현해보세요. '오늘'의 'ㄹ'은 아래 방향으로 흘려서 쓰지 말고 마지막 획이 오른쪽을 향하도록 쓰세요. '좋은 날'은 조금 왼쪽에서 시작해서 쓰고, '날'의 'ㄹ'을 강조해주세요.

따라 써보세요

따라 써보세요

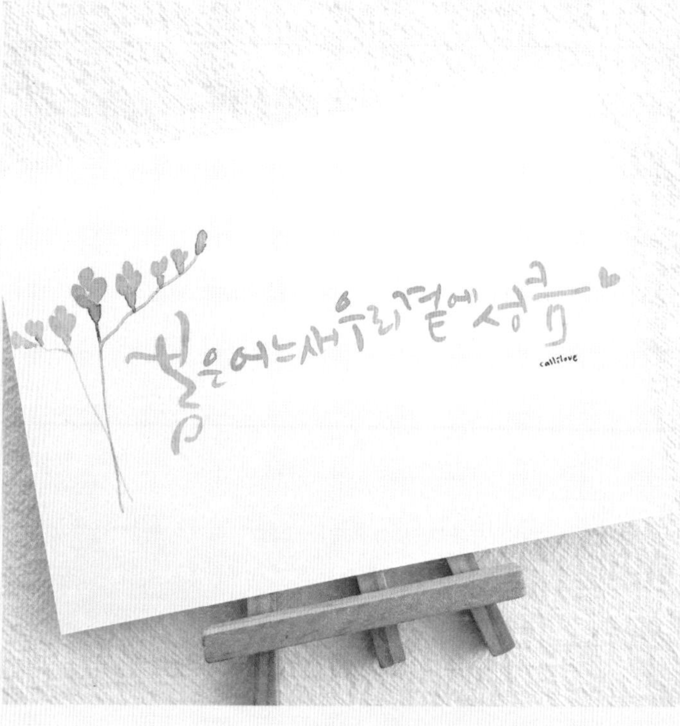
봄은 어느새 우리 곁에 성큼
callilove

Part 2

ㅇ

작고 귀여운 수채화로
포인트 주기

사랑 한가득 담아서 너에게 선물할래

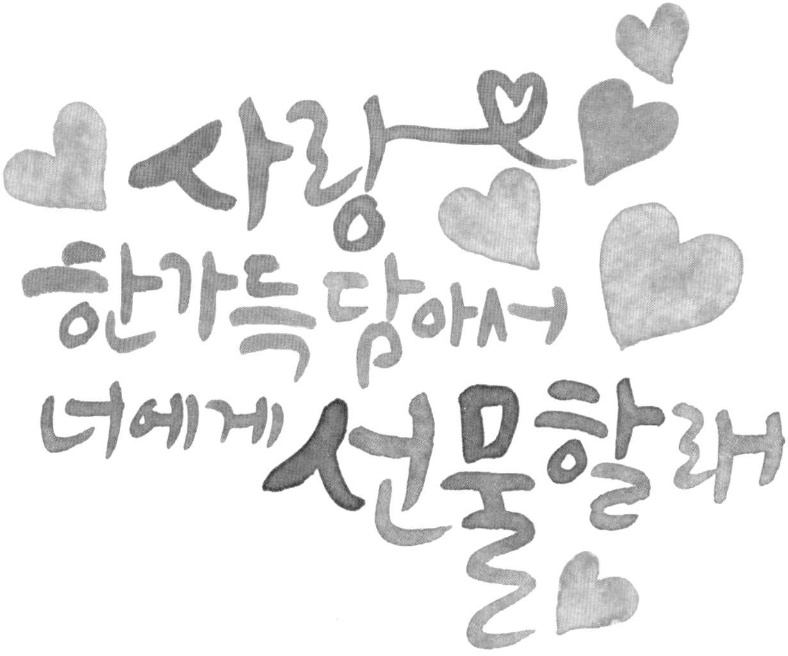

Type 콩닥콩닥

Color Chip

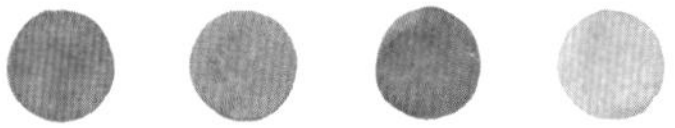

Permanent Red · Rose Madder · Permanent Violet · Shell Pink

포인트 '사랑'은 퍼머넌트 레드, '한가득 담아서'는 로즈 매더, '너에게…'는 퍼머넌트 바이올렛으로 쓰고, 하트는 비슷한 계열이지만 보다 은은한 셸 핑크로 그렸어요. '랑'을 쓸 때도 모음 선을 이용해서 하트를 그렸는데, 평소 쓰던 것과 다른 방식으로 선을 쓰면 다양한 느낌을 표현할 수 있어요. 마지막에 '선물'을 크게 강조해서 쓰고, 글씨 주위에 하트를 그리세요. 하트의 크기와 방향은 모두 다르게 그리는 게 좋아요.

따라 쓰고 그려보세요

따라 쓰고 혼자 그려보세요

지금 내리는 빗방울만큼 행복으로 가득한 날 보내기를

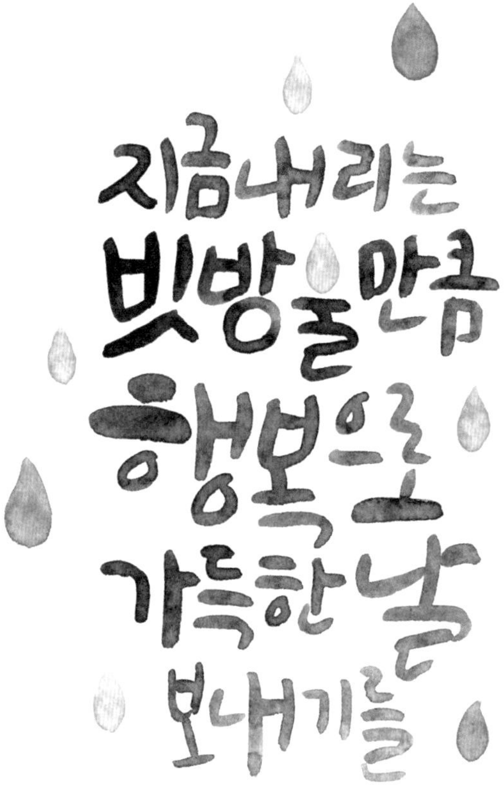

Type 콩닥콩닥

Color Chip

Vandyke Brown | Indigo | Permanent Violet | Peacock Blue | Shell Pink

포인트 '빗방울'에서 '울'의 모음 'ㅇ'을 물방울 모양으로 그려봤어요. 꼭 글자가 들어가야 한다는 고정관념을 버리면 더 다양한 표현을 할 수 있어요. 첫 줄은 반다이크 브라운, 둘째 줄은 인디고, '행복으로 가득한 날 보내기를'은 인디고와 퍼머넌트 바이올렛을 섞은 다음 뒤로 갈수록 물을 많이 섞어 그라데이션 효과를 연출했어요. 글씨 주변으로 크기와 색을 달리해서 물방울을 그려보세요.

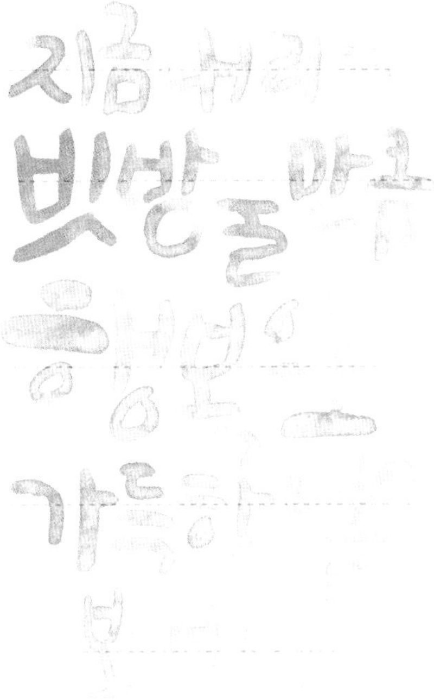

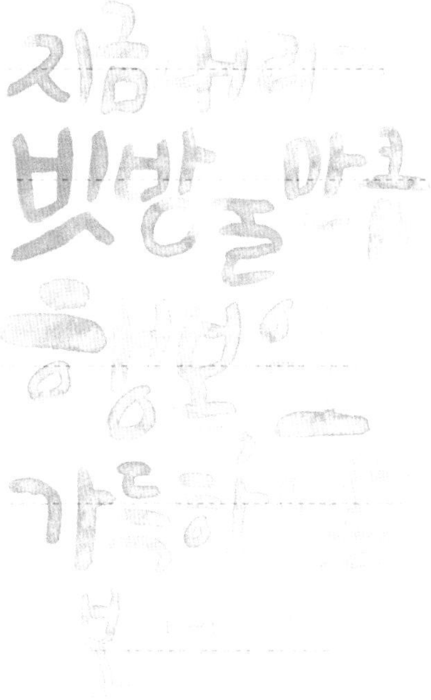

당신은 지금도 충분히 잘하고 있어요

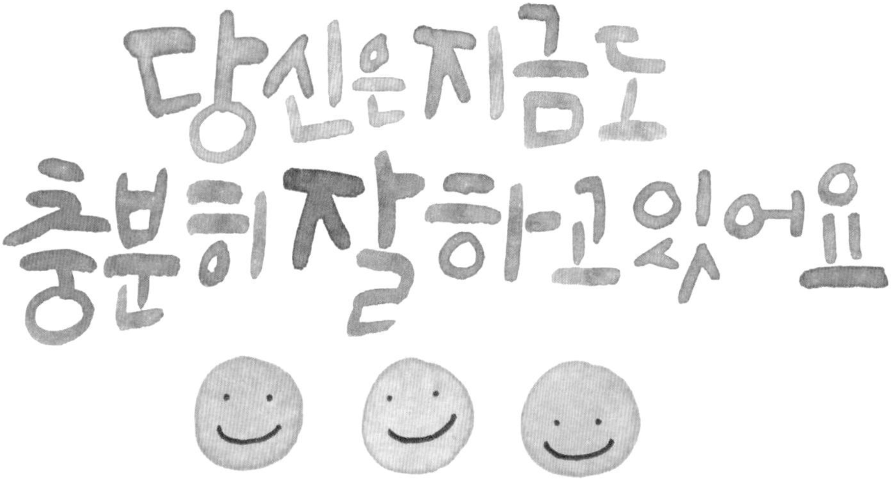

Type 토닥토닥

Color Chip

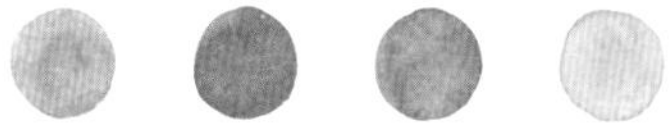

Permanent Yellow Orange / Permanent Violet / Vermilion Hue / Permanent Yellow Deep

포인트 색을 바꿔서 쓸 때 워터브러시의 색을 닦아내지 말고 다른 색을 묻혀서 쓰면 자연스럽게 색이 섞여요. '지금도'는 퍼머넌트 옐로 오렌지를 쓴 붓에 퍼머넌트 바이올렛을 섞어서 쓰고, '잘하고 있어요'는 버밀리언 휴에 퍼머넌트 바이올렛을 섞어서 써보세요. 글씨를 다 쓴 다음 아래에 퍼머넌트 옐로 딥으로 동그라미를 그리고 다 마르면 라이너로 표정을 그려주세요.

따라 쓰고 그려보세요

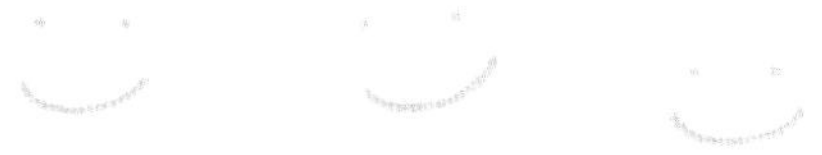

따라 쓰고 혼자 그려보세요

예쁜 달과 별이 하늘을 수놓은 밤

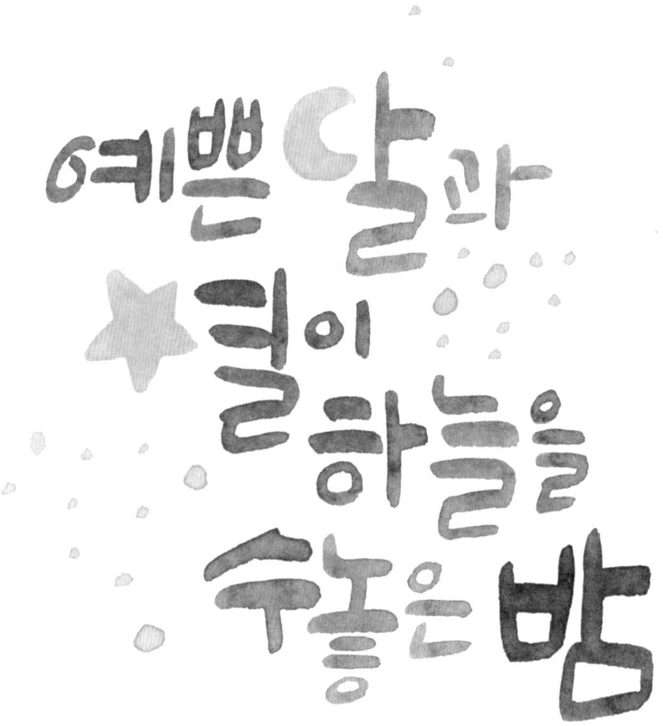

Type 토닥토닥

Color Chip

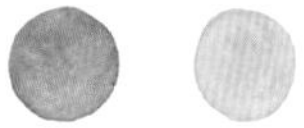

Indigo Permanent Yellow Deep

포인트 첫 글자인 '예쁜'과 마지막 글자 '밤'은 인디고만 사용해서 쓰고, 중간의 문장은 인디고와 퍼머넌트 옐로 딥을 섞어서 써보세요. 두 가지 색을 섞으면 전혀 다른 감성의 색을 만들 수 있어요. '달'의 'ㄷ'은 달 그림으로, '별'의 'ㅂ'은 별 그림으로 표현하고, 글씨 주변에 다양한 크기의 점을 콕콕 찍어 완성하세요.

따라 쓰고 그려보세요

따라 쓰고 혼자 그려보세요

이유 있는 하루하루를 살자

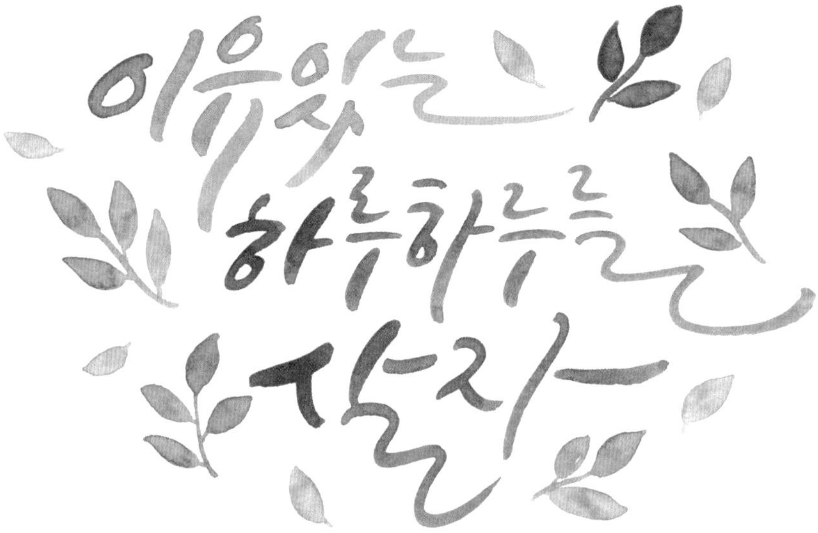

Type 살랑살랑

Color Chip

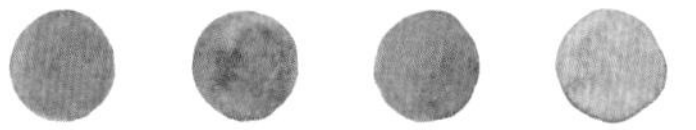

Brown Red / Vandyke Brown / Burnt Umber / Olive Green

포인트 비슷한 톤의 세 가지 색을 사용해 점점 진해지도록 쓰세요. 첫 줄은 브라운 레드에 물을 많이 섞어서 썼고, 둘째 줄은 반다이크 브라운으로, 마지막 줄은 번트 엄버로 썼어요. 살랑살랑체의 특징을 살리도록 곡선을 많이 사용해서 쓰고 받침 'ㄹ'을 최대한 흘려서 써보세요. 글씨를 다 쓰고 나서 주변에 올리브 그린으로 나뭇잎을 그리세요. 글씨에서 너무 떨어지지 않게 하고, 모양도 다양하게 표현해보세요.

따라 쓰고 그려보세요

따라 쓰고 혼자 그려보세요

봄바람 살랑살랑 기분 좋은 날

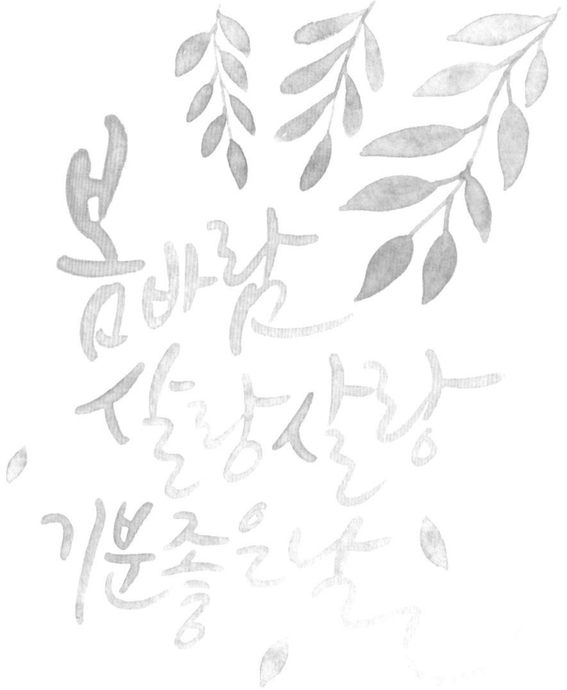

Type 살랑살랑

Color Chip

Permanent Yellow Deep · Permanent Green 1 · Sap Green

포인트 '봄바람'은 퍼머넌트 옐로 딥으로 크고 두껍게 쓰세요. 워터브러시를 닦아내지 말고 퍼머넌트 그린 1을 묻혀서 다음 문장을 쓰세요. 두 색이 자연스럽게 섞이면서 표현이 되다가 뒤로 갈수록 노란색이 나와요. 다 쓴 후에 글씨의 윗부분에 샙 그린으로 나뭇잎을 그리고, 중간중간 흩날리는 이파리도 몇 개 그려보세요.

따라 쓰고 그려보세요

따라 쓰고 혼자 그려보세요

오늘 너 빛나더라, 자랑스러워

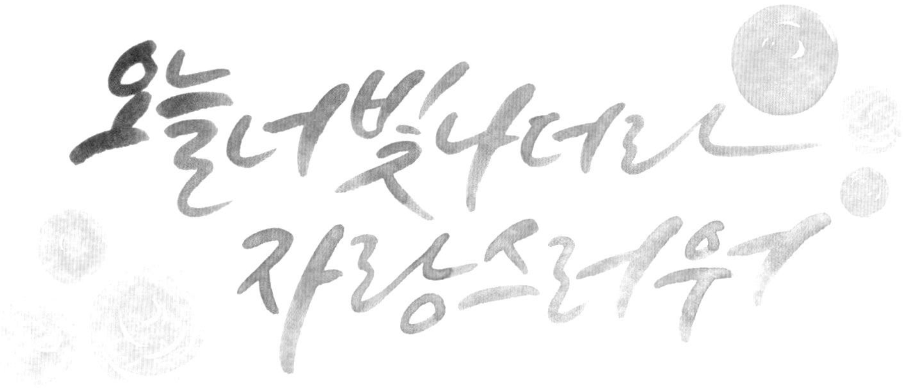

Type 펄럭펄럭

Color Chip

Olive Green / Permanent Green 1 / Permanent Yellow Light

포인트 비슷한 톤의 색을 사용해서 뒷부분의 문장을 연한 색으로 써보세요. 첫 줄은 올리브 그린으로, 둘째 줄은 퍼머넌트 그린 1로 쓰세요. 처음에 물감을 넉넉하게 묻혀서 쓰면 짧은 문장은 중간에 다시 물감을 묻히지 않아도 끝까지 쓸 수 있어요. 그러면 뒤로 갈수록 자연스럽게 연해지는 효과를 낼 수 있어요. 이때 너무 연해지지 않도록 주의해서 쓰세요. 글씨를 다 쓴 후 주변에 보케 느낌이 나도록 퍼머넌트 옐로 라이트로 원을 그려보세요. 원의 크기는 다양하게 변화를 주세요.

따라 쓰고 그려보세요

따라 쓰고 혼자 그려보세요

선인장의 강인함처럼 우리 일상도 그러하길

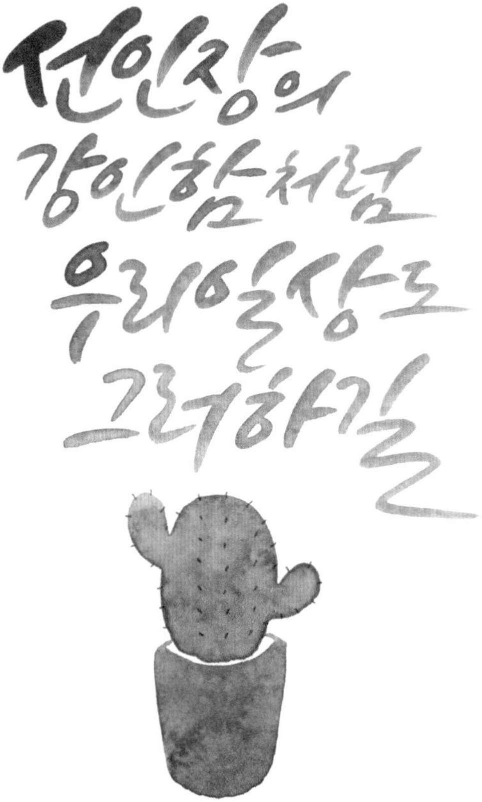

Type 펄럭펄럭

Color Chip

Shadow Green Sepia Olive Green

포인트 섀도 그린으로 쓰다가 세피아를 섞어서 자연스럽게 색의 변화를 주세요. 그림에 사용할 색과 비슷한 색을 사용해도 좋아요. '일상'의 'ㄹ'을 너무 길게 내려서 쓰면 아래 문장을 방해할 수 있으니 주의하세요. 문장 아래에 올리브 그린으로 선인장을 그리고, 약간의 공간을 남겨두고 세피아로 화분을 그려요. 물감이 다 마르면 라이너로 선인장의 가시를 그려주세요.

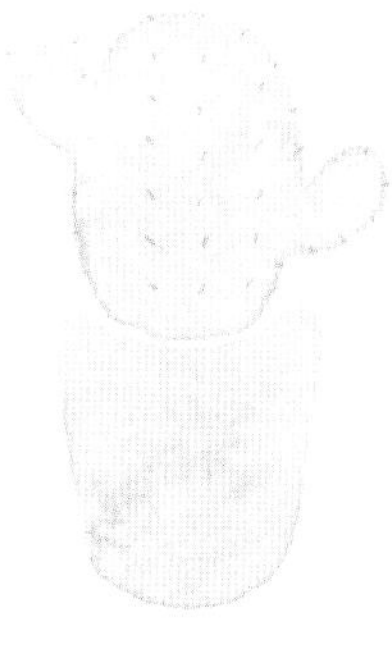

너를 닮은 다정한 봄이 성큼

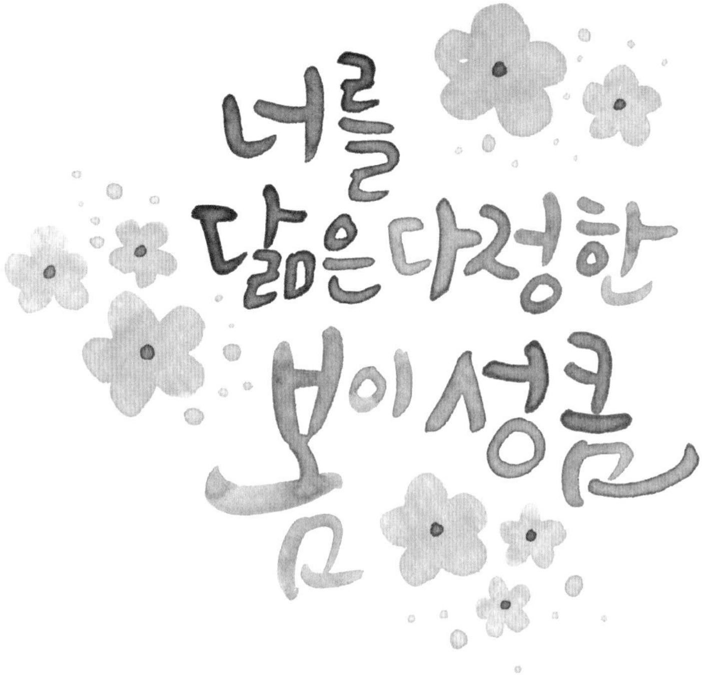

Type 콩닥콩닥

Color Chip

Sap Green / Permanent Green 1 / Permanent Yellow Deep / Permanent Red

포인트 봄과 잘 어울리는 초록색으로 글씨를 써보세요. 두 가지 색을 각각 사용해도 되지만 섞어서 쓰면 새로운 색을 만들 수 있어요. 어렵다면 비슷한 계열의 색을 섞어서 쓰는 연습부터 해봐도 좋아요. '봄'은 크게 강조하고, 마지막 '큼'의 'ㅁ' 마지막 선을 길게 쓰세요. 글씨를 다 쓴 후에 문장의 빈 곳에 다양한 크기의 노란색 꽃을 그리세요. 꽃 주변에 같은 색으로 점을 콕콕 찍어주세요. 물감이 다 마르면 퍼머넌트 레드로 가운데에 점을 콕 찍어주세요. 마르지 않은 상태에서 하면 번지니까 주의하세요.

따라 쓰고 그려보세요

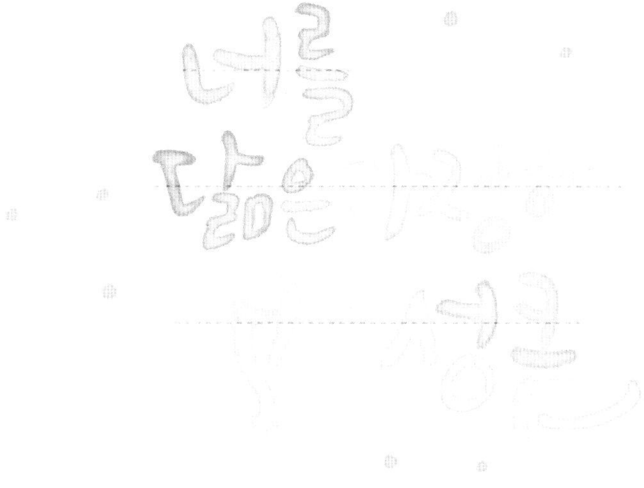

따라 쓰고 혼자 그려보세요

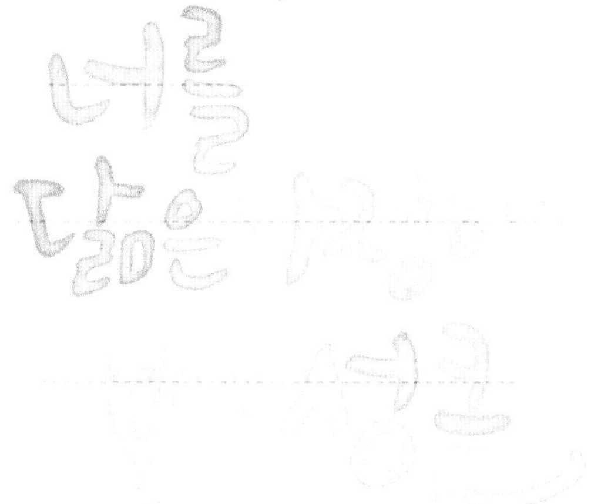

너와 함께 듣고 싶은 달달한 노래

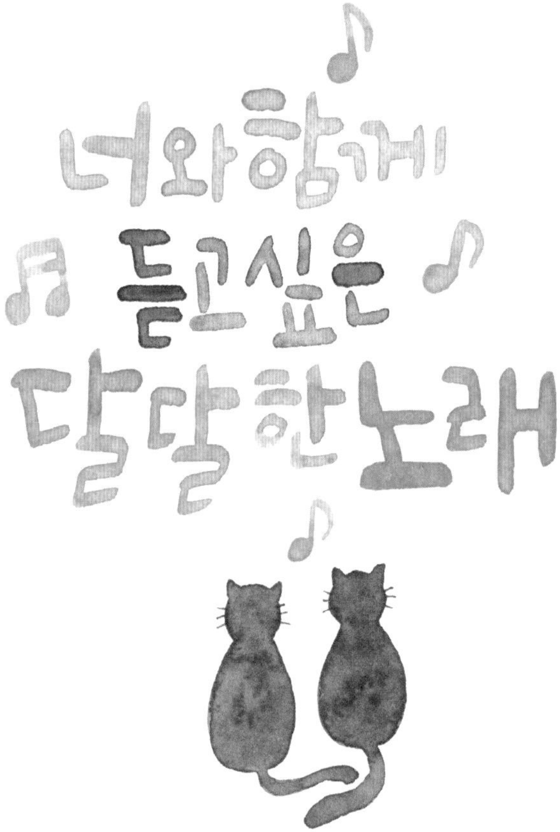

Type 토닥토닥

Color Chip

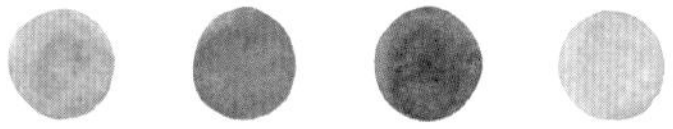

Permanent Yellow Orange | Permanent Violet | Sepia | Shell Pink

포인트 첫 번째 줄과 마지막 줄은 같은 색으로, 가운데는 다른 색으로 써보세요. 퍼머넌트 옐로 오렌지로 '너와 함께'를 쓴 다음, 붓을 닦지 않고 퍼머넌트 바이올렛을 묻혀서 쓰세요. 마지막 줄은 깨끗이 닦아낸 붓에 다시 퍼머넌트 옐로 오렌지를 묻혀 쓰되, 첫 줄을 쓸 때보다 물감의 양을 늘려서 색을 선명하게 표현해보세요. 글씨를 다 쓴 후 아래에 고양이 두 마리의 뒷모습을 그리고, 문장의 중간에 음표를 그리세요.

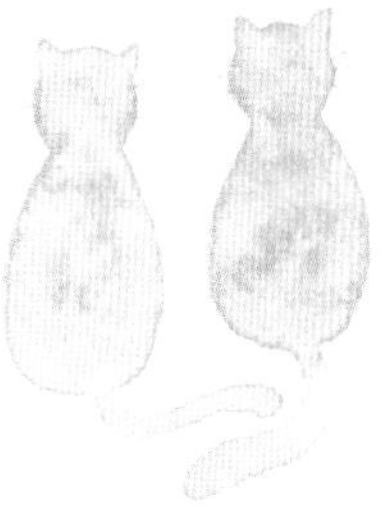

활짝 꽃 피울 날이 올 거야

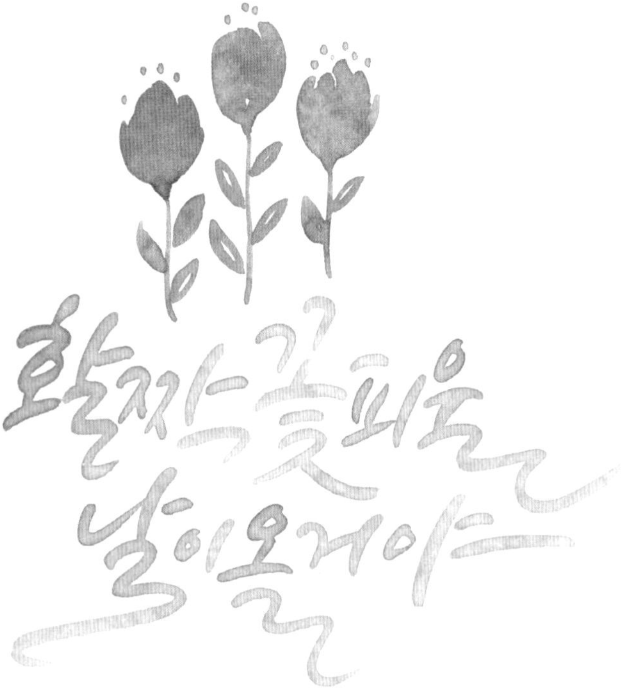

Type 펄럭펄럭

Color Chip

Permanent Red | Sap Green | Permanent Yellow Orange

포인트 꽃잎이 옆으로 퍼지지 않도록 주의하면서 꽃봉오리를 그리세요. 꽃의 높낮이는 조금씩 다르게 그리는 게 좋아요. 물감이 살짝 마른 후에 아래에 줄기를 그리세요. 물이 너무 많으면 초록색이 꽃 쪽으로 많이 번지니 주의하세요. 자연스럽게 번지도록 꽃받침을 그리고, 아래에 줄기를 긋고, 나뭇잎까지 그리세요. 그림을 다 그린 후 퍼머넌트 옐로 오렌지로 글씨를 쓰세요. 받침이 많은 문장이니 첫 번째 줄의 받침이 두 번째 줄에 방해가 되지 않도록 주의해야 해요.

따라 쓰고 그려보세요

혼자 그리고 따라 써보세요

달달한 초코아이스크림 같은 그대

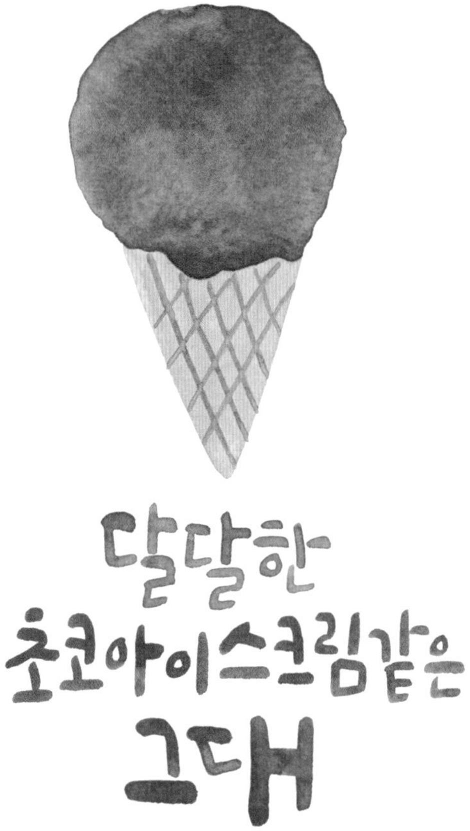

Type 토닥토닥

Color Chip

Yellow Ochre | Raw Umber | Vandyke Brown

포인트 옐로 오커로 아이스크림의 콘 부분을 먼저 그리고, 물감이 마르면 위에 아이스크림을 그리세요. 물을 넉넉하게 사용해, 로 엄버와 반다이크 브라운이 잘 섞이게 해주세요. 동그라미는 너무 깔끔하게 그리는 것보다 조금 울퉁불퉁하게 표현하는 게 좋아요. 물감이 완전히 마르면 진한 색으로 콘 부분에 사선을 그어주세요. 글씨는 반다이크 브라운만 사용하되 물의 양으로 농도를 달리해서 써보세요. 두 번째 줄에 들어갈 글자 수가 많으니 크게 쓰지 않도록 주의하고 마지막 줄의 '그대'는 강조해서 크게 쓰세요.

달콤한
초코아이스크림 같은
그대

달콤한
초코아이스크림 같은
그대

모든 순간을 함께하고 싶어요

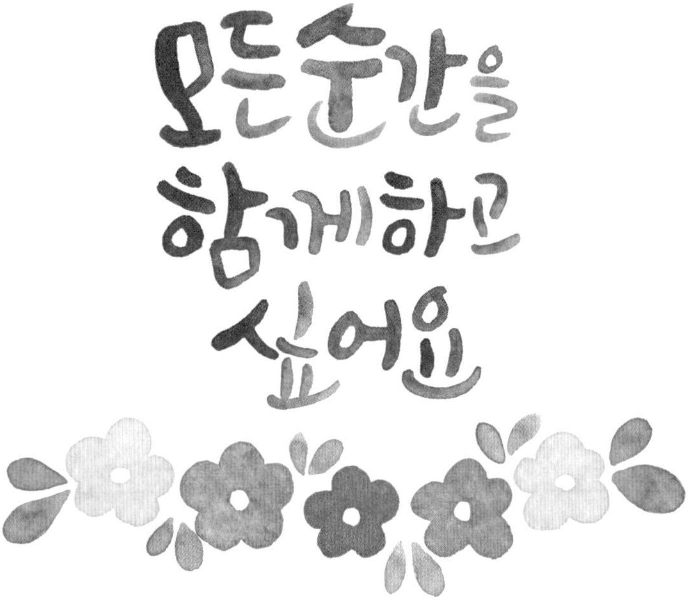

Type 콩닥콩닥

Color Chip

Sepia / Permanent Yellow Deep / Permanent Red / Sap Green

포인트 꽃 그림에 여러 가지 색이 들어가기 때문에 글씨는 세피아 한 가지만 사용하고, 콩닥콩닥 서체의 특징을 살려 가로선의 끝이 위로 향하도록 둥글게 쓰세요. 글씨를 다 쓴 후, 아래에 꽃을 그리세요. 꽃을 그릴 때는 전체를 다 색으로 채우지 말고, 가운데에 여백을 남겨 꽃 수술을 표현해보세요. 다양한 색으로 꽃을 그리고, 사이사이 나뭇잎을 그려주세요.

따라 쓰고 그려보세요

따라 쓰고 혼자 그려보세요

오래오래 행복하게

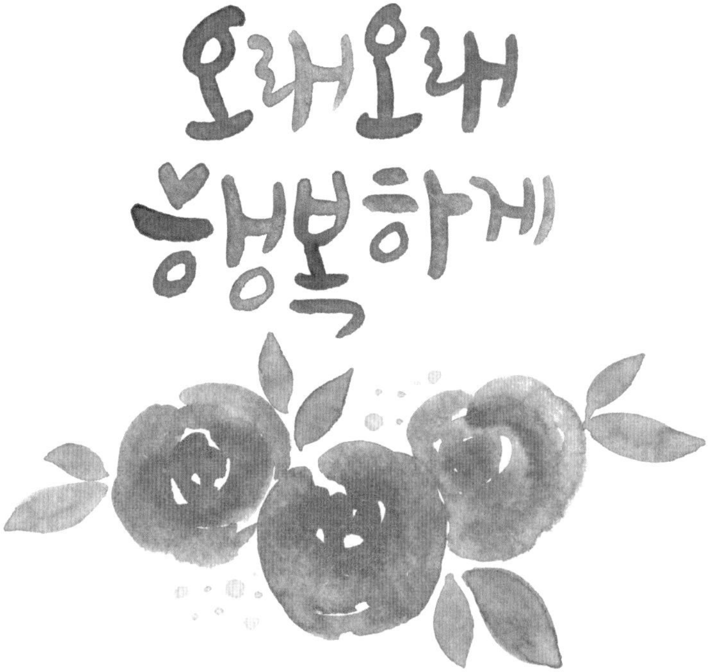

Type 콩닥콩닥

Color Chip

Permanent Violet / Permanent Rose / Sap Green / Permanent Yellow Deep

포인트 물의 양으로 농도를 조절하면서 글씨를 써보세요. '행복'의 'ㅎ'에 하트 그림을 그려서 사랑스러운 느낌을 더해요. 글씨를 다 쓰고 아래에 꽃을 그려주세요. 꽃은 가운데부터 시작해서 밖으로 원을 그리듯이 그려보세요. 색을 다 채우지 말고 중간에 여백을 남겨두어야 자연스러워 보여요. 꽃 사이에 나뭇잎을 그리고, 주변에 노란색 점을 콕콕 찍어주세요.

따라 쓰고 그려보세요

따라 쓰고 혼자 그려보세요

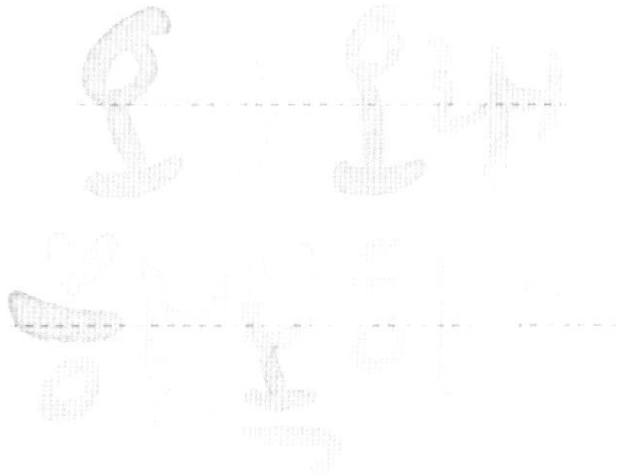

함께 있으면 좋은 사람

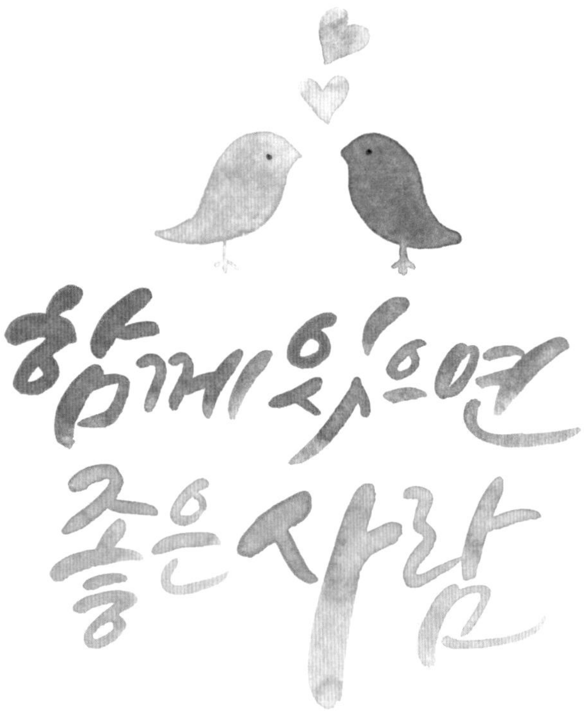

Type 펄럭펄럭

Color Chip

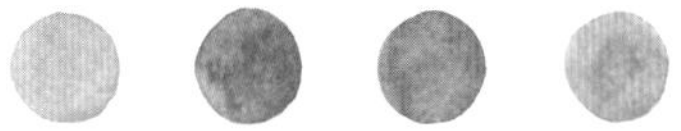

Shell Pink | Ultramarine Deep | Vermilion Hue | Permanent Yellow Orange

포인트 셸 핑크와 울트라마린 딥을 사용해서 마주 보고 있는 새 두 마리를 그리세요. 새들 사이에 같은 색으로 하트를 그리고, 물감이 완전히 마르면 펜으로 새의 눈을 그리세요. 물감이 다 마르지 않았을 경우에는 번지니까 주의하세요. 그림 아래에 두 줄로 글씨를 쓰세요. 첫 줄은 버밀리언 휴, 두 번째 줄은 퍼머넌트 옐로 오렌지로 쓰세요. '있'의 'ㅆ'은 두 번째 'ㅅ'의 선을 길게 쓰되 너무 아래까지 내려오지 않도록 하세요. 두 번째 줄의 '사'는 모음 세로획을 길게 써서 강조하고 마지막 '람'의 'ㅁ' 마지막 가로획을 길게 써주세요.

따라 쓰고 그려보세요

혼자 그리고 따라 써보세요

행운이 함께할 거야

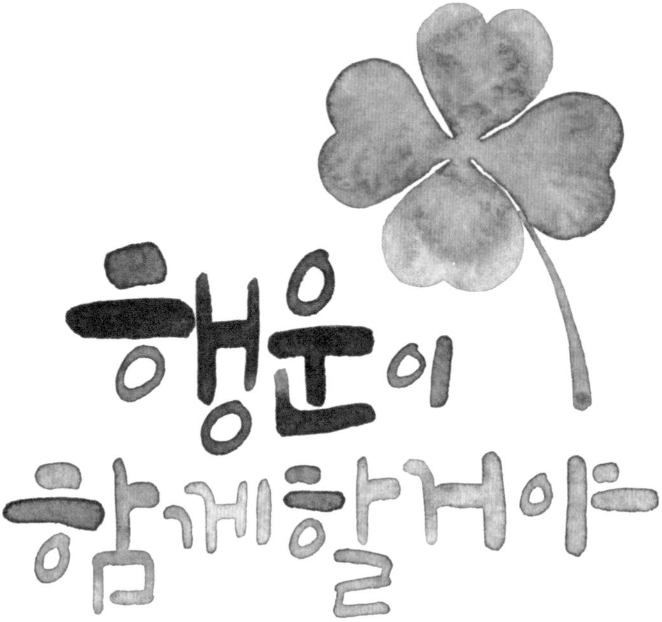

Type 토닥토닥

Color Chip

Shadow Green / Permanent Rose / Sap Green

포인트 ‘행운’은 섀도 그린으로 진하게 쓴 다음, 두 번째 줄은 퍼머넌트 로즈를 섞어 두 색이 자연스럽게 섞이도록 써보세요. 규칙이 정해진 건 아니니까 자유롭게 써도 좋아요. 글씨를 다 쓴 다음 네 잎 클로버를 그리세요. 하트 네 개를 붙인다는 느낌으로 그리면 돼요. 잎과 잎 사이는 붙지 않도록 주의하고, 잎의 균형 잡기가 힘들다면 종이를 돌려가면서 그려보세요.

따라 쓰고 그려보세요

따라 쓰고 혼자 그려보세요

덕분에 내 마음은 언제나 맑음

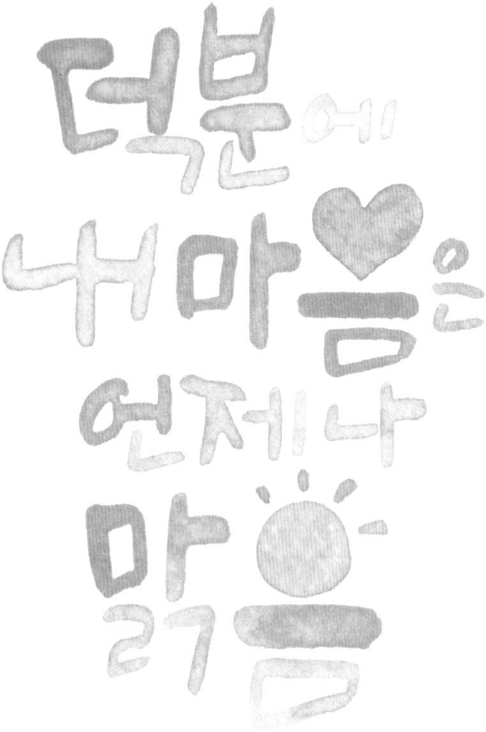

Type 토닥토닥

Color Chip

Horizon Blue · Shell Pink · Permanent Yellow Deep

포인트 자음이 들어갈 자리에 간단한 그림을 그려보세요. 'ㅇ'은 다양한 그림으로 표현하기 좋은 자음이에요. '마음'의 'ㅇ'은 셸 핑크로 하트를 그려주고, '맑음'의 'ㅇ'은 퍼머넌트 옐로 딥으로 태양을 그려보세요. 많은 그림이 들어가지 않아도 이렇게 글자에 포인트로 그림을 그려주는 것도 좋아요. 글씨는 호라이즌 블루 한 색으로 농도 조절만 해서 써보세요.

따라 쓰고 그려보세요

따라 쓰고 혼자 그려보세요

포근하고 달달한 너의 미소

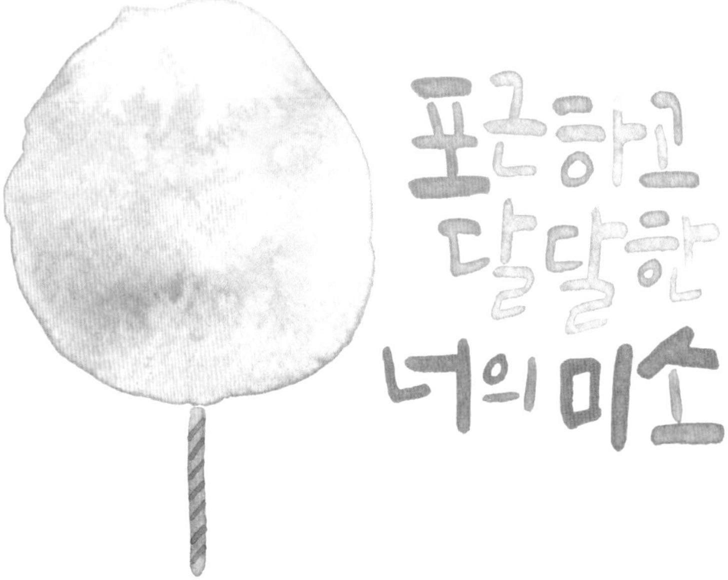

Type 토닥토닥

Color Chip

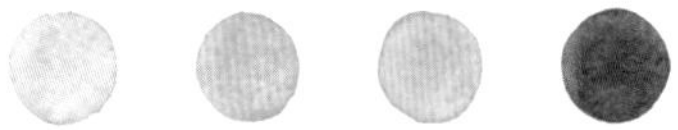

Horizon Blue | Shell Pink | Permanent Yellow Deep | Sepia

포인트 솜사탕을 먼저 그려보세요. 엽서에 물을 바르고, 그 위에 색을 조금씩 입혀주세요. 물이 많아야 색이 경계선 없이 자연스럽게 섞여요. 전체적으로 색이 다 섞이지는 않도록 공간을 3등분해서 칠하는 게 좋아요. 물감이 다 마르면 아래에 세피아로 연하게 막대를 그리고, 또 잘 말린 후 붓 끝에 세피아를 묻혀 막대의 무늬를 그려주세요. 호라이즌 블루와 셸 핑크로 글씨를 쓰세요.

따라 쓰고 그려보세요

혼자 그리고 따라 써보세요

봄은 어느새 우리 곁으로

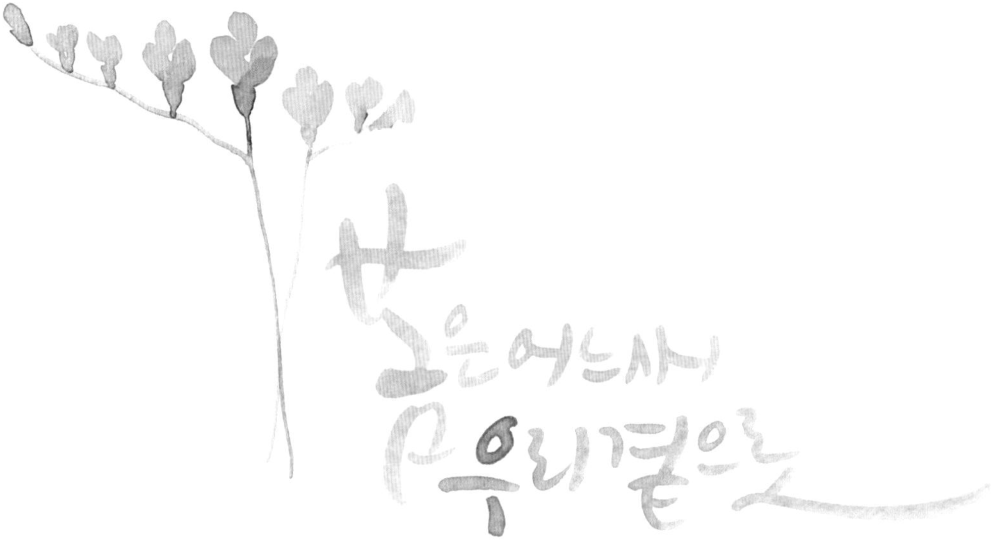

Type 살랑살랑

Color Chip

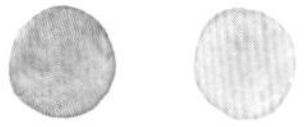

Sap Green　Permanent Yellow Deep

포인트 봄을 상징하는 프리지아를 그릴 때는 샙 그린으로 줄기를 먼저 그린 다음, 그 위에 퍼머넌트 옐로 딥으로 꽃송이를 그려주세요. 하트를 먼저 그리고 나서 가운데를 채워준다고 생각하면 쉽게 그릴 수 있어요. 그림 옆에 같은 색 물감을 이용해 글씨를 쓰세요. '봄'의 'ㅂ'은 가운데 곡선이 선 바깥쪽으로 나가도록 써보세요. 마지막 글자인 '로'의 모음 역시 옆으로 길게, 휘날리듯 써서 봄의 설렘을 표현해보세요.

따라 쓰고 그려보세요

혼자 그리고 따라 써보세요

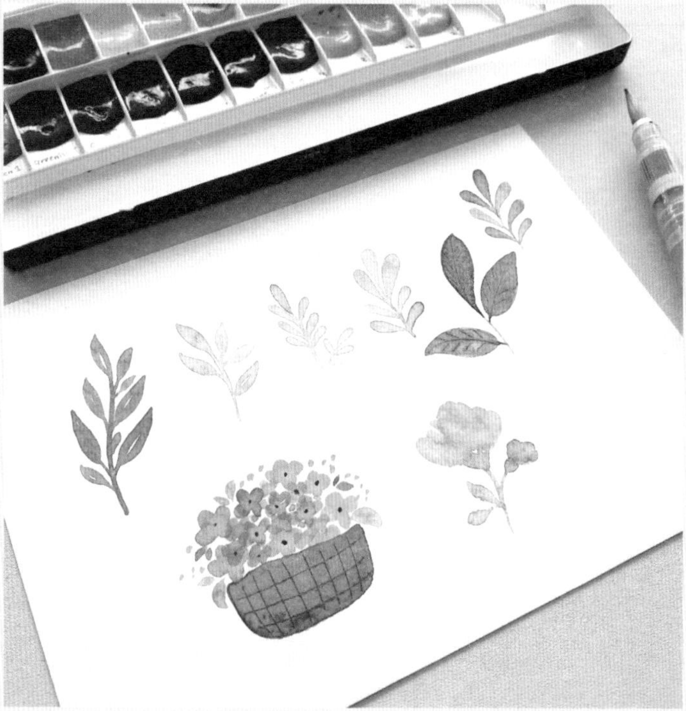

Part 3

풍성한 그림 곁들이기

함께라서 행복하고 함께라서 좋아요

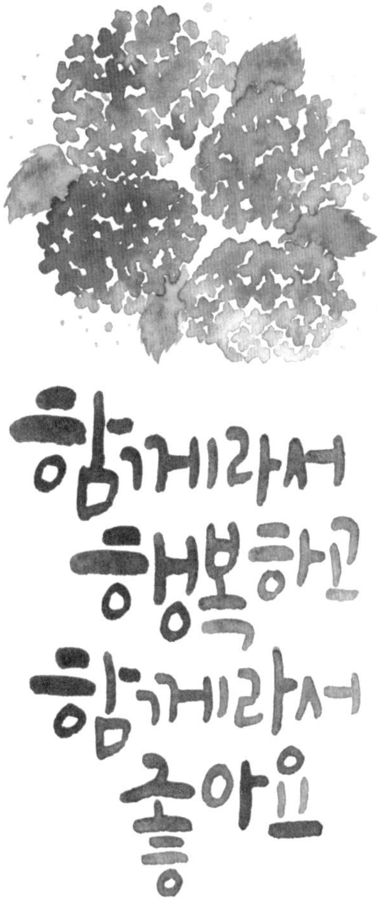

Type 토닥토닥

Color Chip

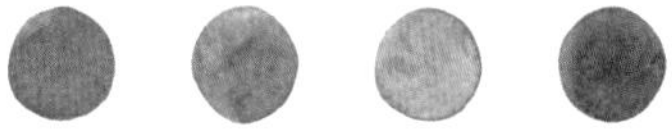

Permanent Violet | Prussian Blue | Sap Green | Sepia

포인트 그림을 먼저 그리고 나서 아래에 글씨를 쓰세요. '함께' '행복' '함께' 등 'ㅎ'으로 시작하는 글씨가 반복되기 때문에 이 앞 글자들이 겹치지 않도록 앞뒤로 조금씩 어긋나게 쓰는 게 좋아요. 꽃을 그릴 때 여러 색을 사용하므로 글씨는 세피아 한 가지 색으로 써보세요.

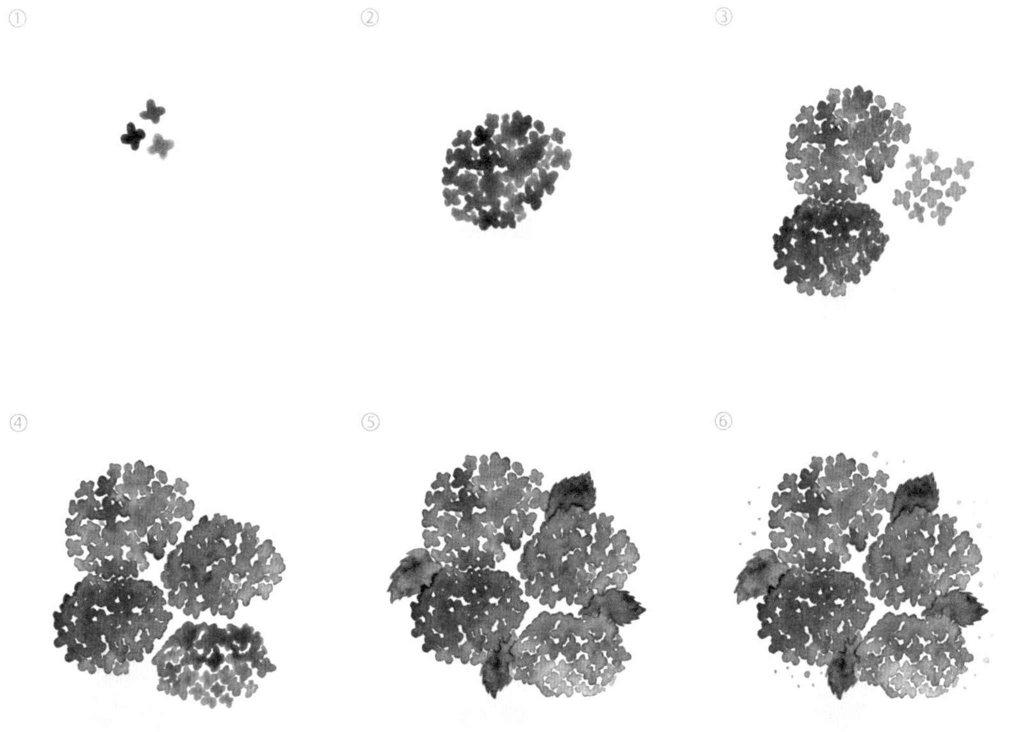

① 퍼머넌트 바이올렛에 물을 넉넉하게 섞어 열십자(十) 모양의 작은 꽃을 여러 개 그려주세요.

② 꽃송이 전체를 다 채우지 말고 중간에 공간을 조금씩 남겨두세요. 물이 마르기 전에 물감을 조금 더 진하게 묻혀서 연한 색 위에 올려 꽃송이를 완성하세요. 물이 있는 상태라서 자연스럽게 번져요.

③ 완성된 보라색 꽃송이 옆에 프러시안 블루로 꽃송이를 그려주세요. 방법은 ①~②와 같아요.

④ 이렇게 네 개의 꽃송이를 그려 풍성한 수국 다발을 완성하세요.

⑤ 꽃 그림이 다 마르면 샙 그린으로 중간중간에 나뭇잎을 그려주세요.

⑥ 완성된 꽃 그림 주변에 같은 색 물감으로 작은 점들을 톡톡 찍어주세요.

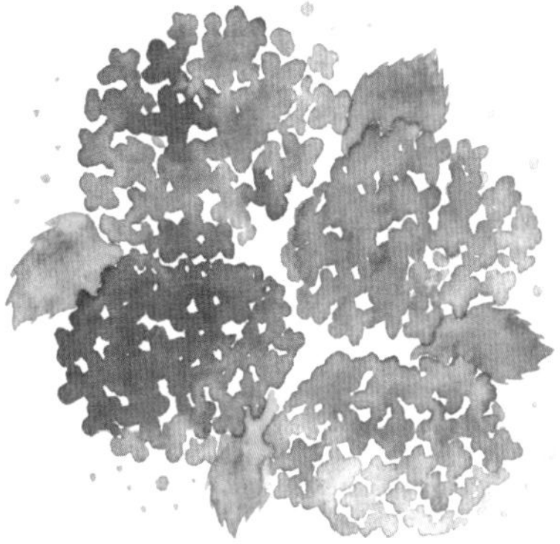

함께라서
행복하고
함께라서
좋아요

함께라서
행복하고
함께라서
좋아요

행복하자, 아프지 말고

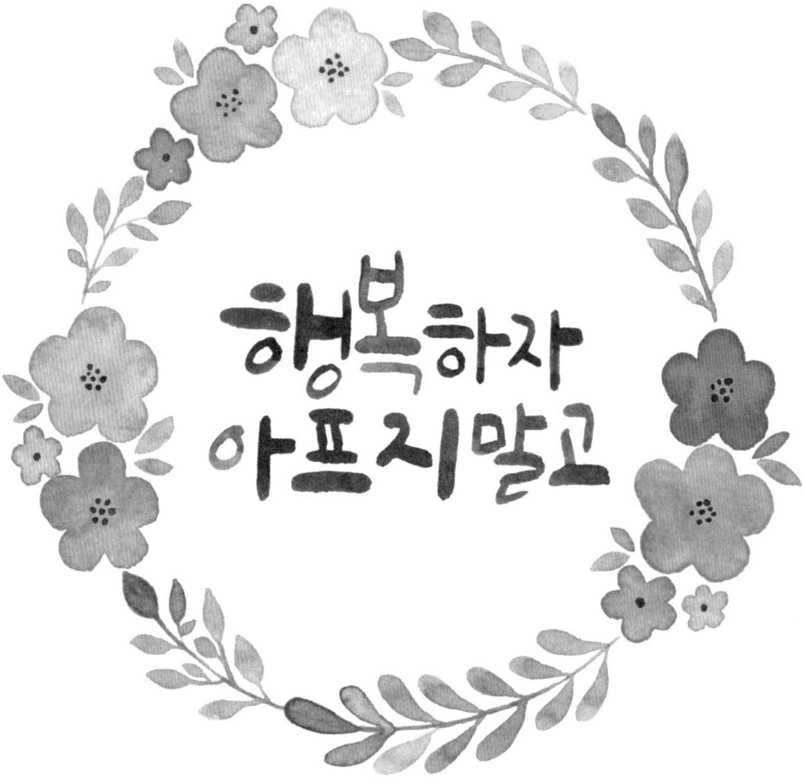

Type 토닥토닥

Color Chip

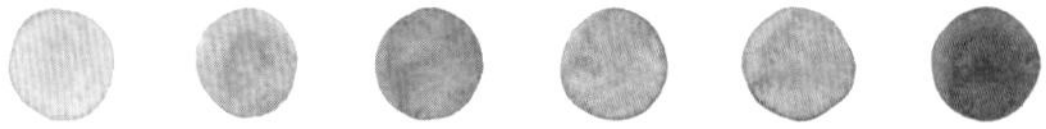

Permanent Yellow Deep	Permanent Yellow Orange	Vermilion Hue	Sap Green	Olive Green	Sepia

포인트 그림을 먼저 완성한 다음, 가운데 빈 공간에 위치를 잘 맞춰서 두 줄로 글씨를 쓰세요. 이 방법이 부담스럽다면 순서를 바꿔서 원 안에 글씨를 쓰고 그림을 그려도 좋아요.

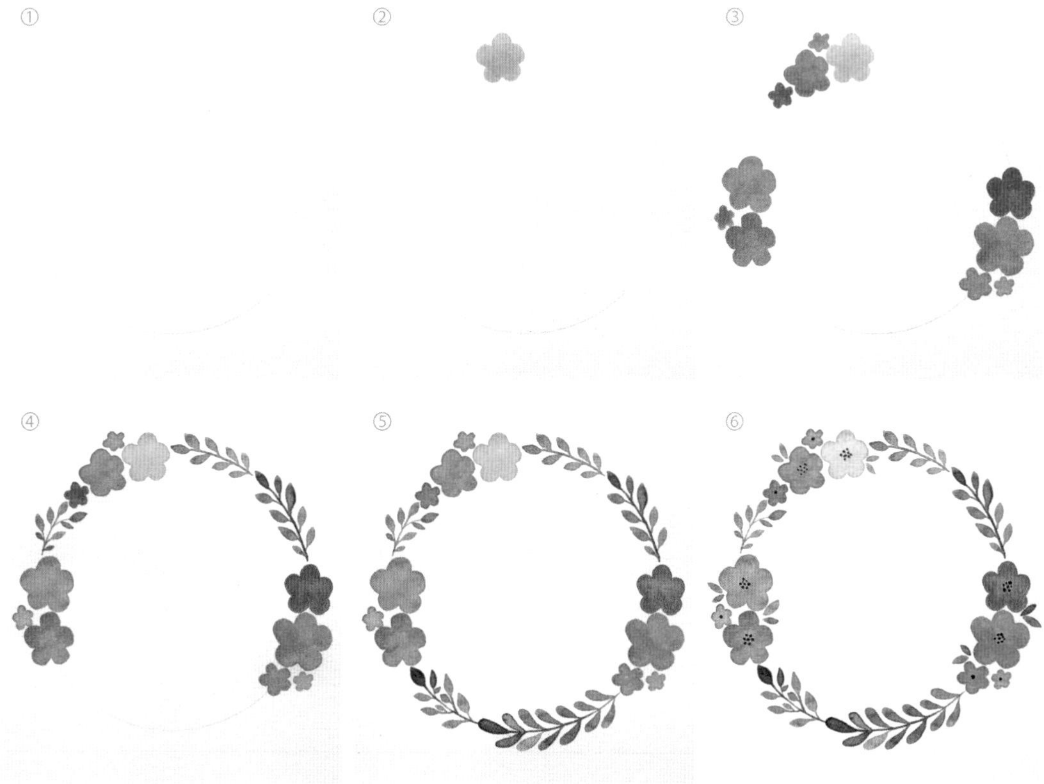

① 연필로 원을 그려요. 머그컵이나 박스 테이프 등 원을 따라 그릴 수 있는 도구를 사용하면 좋아요. 이때 꽃을 그릴 자리는 비워두세요.

② 비워둔 공간에 퍼머넌트 옐로 딥으로 꽃을 그려주세요.

③ 나머지 자리에 퍼머넌트 옐로 오렌지, 버밀리언 휴 등으로도 꽃을 그리세요. 크기와 색을 조금씩 다르게 해야 단조로운 느낌이 나지 않아요.

④ 미리 그려둔 연필선을 따라서 샙 그린과 올리브 그린으로 나무줄기를 먼저 그리고, 잎사귀도 그려주세요.

⑤ 물감의 농도를 조절해 색을 조금씩 달리하면 다채로운 느낌을 살릴 수 있어요.

⑥ 꽃을 그린 물감이 다 마르면 가운데에 세피아로 점을 콕콕 찍어 수술을 표현해주세요.

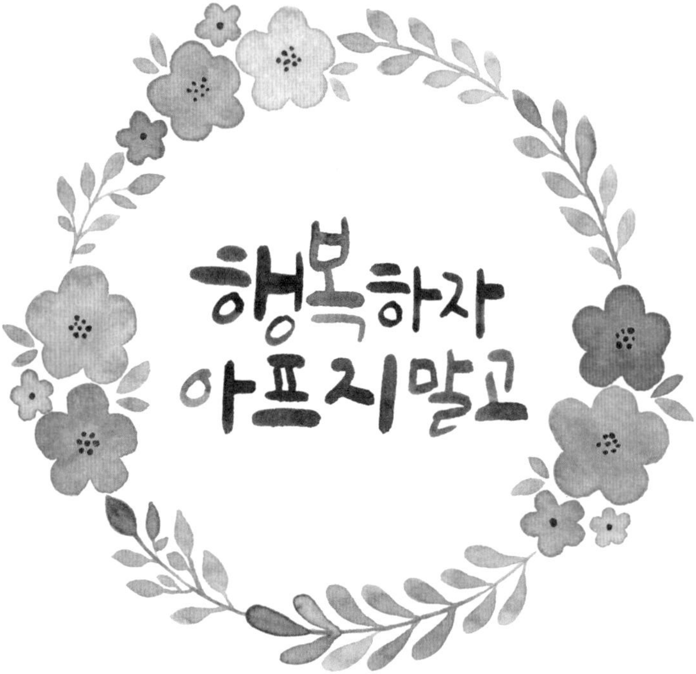

따라 그리고 써보세요

따라 그리고 혼자 써보세요

혼자 그리고 따라 써보세요

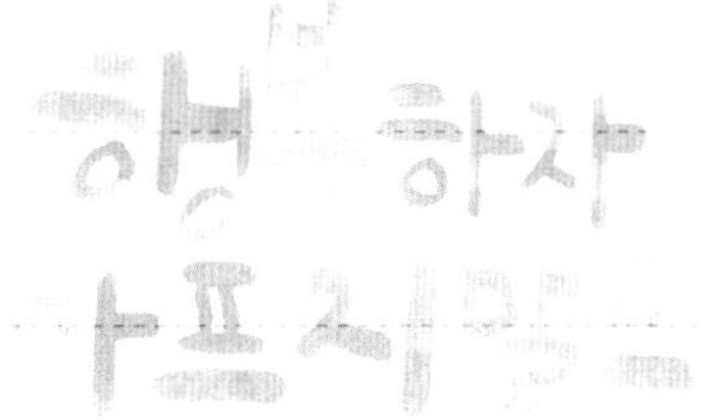

더 늦기 전에 지금을 즐겨요

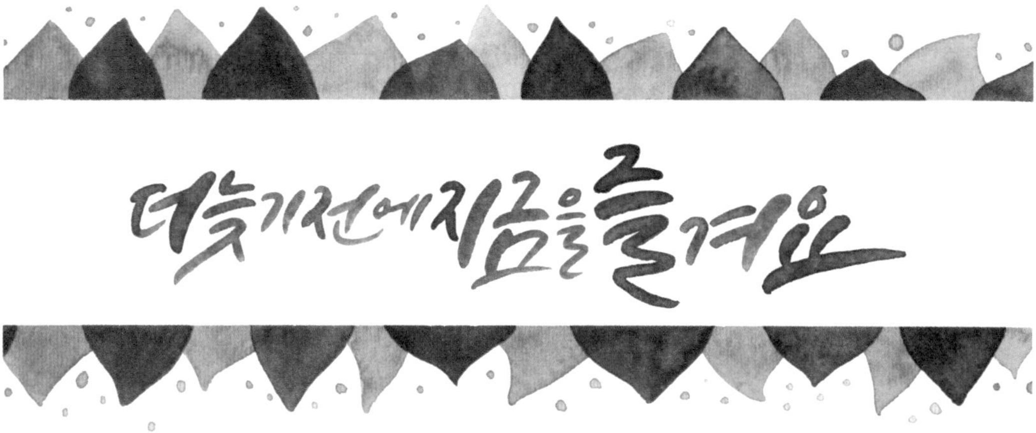

Type 펄럭펄럭

Color Chip

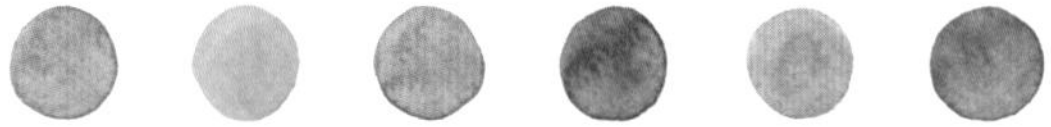

Sap Green / Permanent Green 1 / Olive Green / Shadow Green / Permanent Yellow Orange / Indigo

포인트 글씨를 쓸 공간에 마스킹 테이프를 붙인 뒤 위아래에 나뭇잎을 그리세요. 물감이 다 마르면 테이프를 떼어내고 그 자리에 인디고로 강하고 힘찬 느낌의 글씨를 쓰세요. '즐겨요'의 'ㄹ'을 크게 쓰고, 마지막 '요' 자의 모음을 옆으로 길게 써서 강조해주세요.

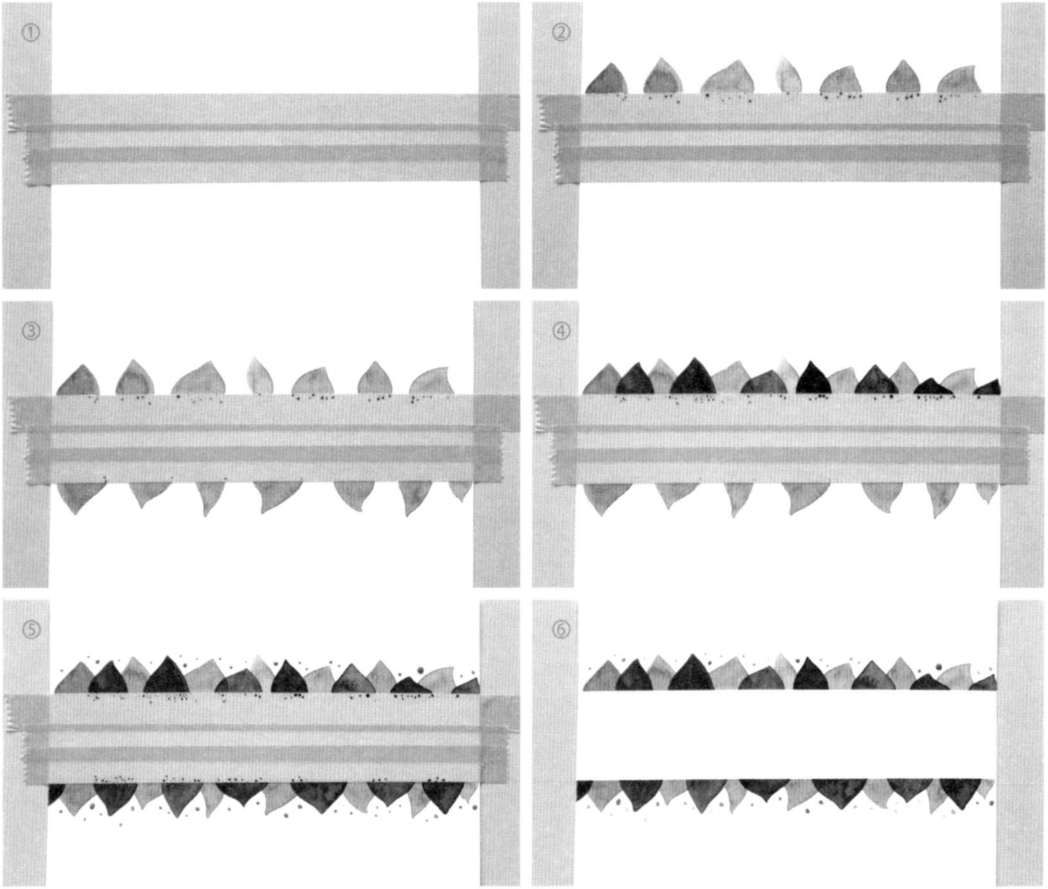

① 엽서에 글씨 쓸 공간을 남겨두기 위해 마스킹 테이프를 붙여주세요.

② 마스킹 테이프 위와 아래에 샙 그린과 퍼머넌트 그린 1을 섞어서 나뭇잎을 그려요. 나뭇잎은 사이사이 간격을 두고 그려주세요.

③ 물감이 다 마르면 나뭇잎 사이의 빈 공간에 올리브 그린과 섀도 그린을 섞어 나뭇잎을 그려 넣어요.

④ 나뭇잎 주변에 퍼머넌트 옐로 오렌지로 작은 점을 톡톡 찍어주세요.

⑤ 물감이 완전히 마르면 마스킹 테이프를 떼어내고 글씨를 쓰세요.

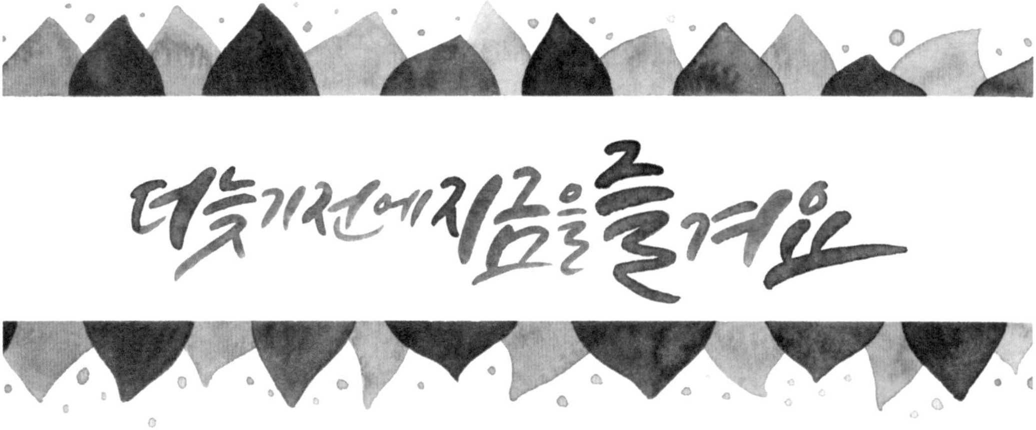

따라 그리고 써보세요

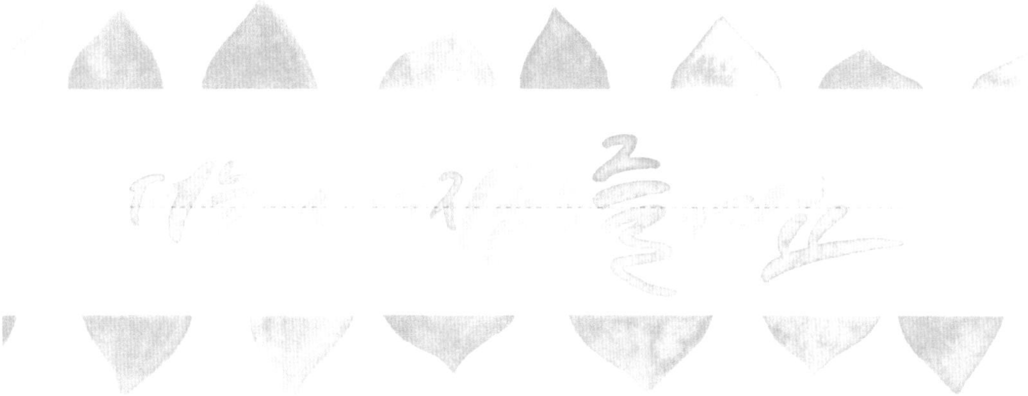

따라 그리고 혼자 써보세요

혼자 그리고 따라 써보세요

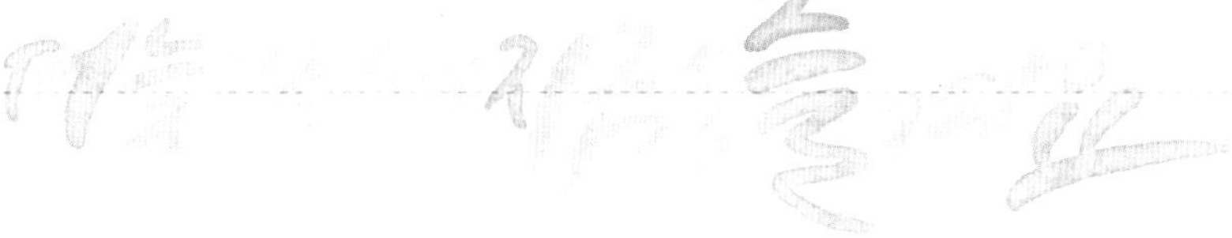

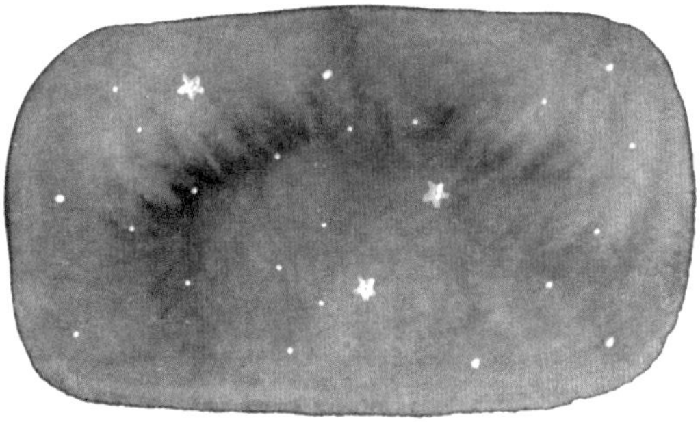

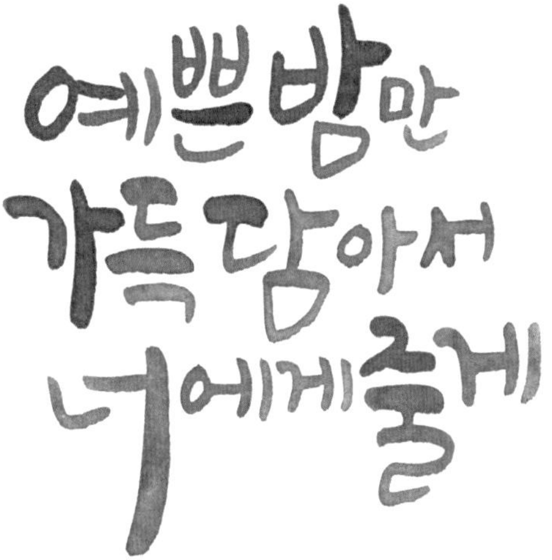

Type 콩닥콩닥

Color Chip

Indigo　Permanent Violet　Ultramarine Deep

포인트 퍼머넌트 바이올렛을 기본으로 하고 다른 색을 조금씩 다르게 섞으면서 써보세요. 위의 글씨는 첫 줄은 퍼머넌트 바이올렛에 울트라마린 딥을 조금 섞어서, 둘째 줄은 퍼머넌트 바이올렛에 인디고를 조금 섞어서, 마지막 줄은 퍼머넌트 바이올렛 한 색만으로 썼어요. 똑같이 쓰지 않아도 괜찮으니 색 농도를 조절하면서 써보세요. 마지막 줄 '너'는 모음 세로획을 길게 내려 써서 강조해주세요.

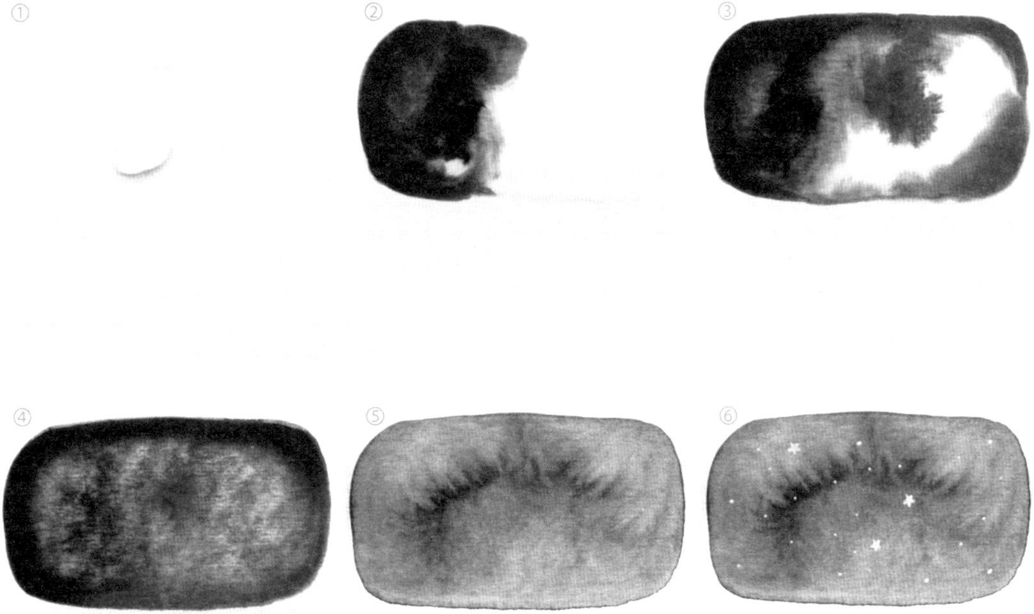

① 종이 위에 물방울을 몇 개 떨어뜨린 뒤 붓으로 넉넉히 발라주세요.

② 물을 바른 부분의 한쪽에 인디고 색을 충분히 칠해주세요.

③ 그 옆쪽 부분에 퍼머넌트 바이올렛을 칠해주세요.

④ 두 색이 완전히 섞이지 않도록 주의하면서 중간중간 울트라마린 딥을 칠해주세요. 펴 바른다는 느낌보다는 자연스럽게 섞이도록 붓질을 해주세요.

⑤ 완전히 마를 때까지 기다려주세요. 물의 양이 많을 경우 마르는 시간이 오래 걸려요.

⑥ 다 마른 것을 확인한 뒤 화이트 펜으로 별을 그려주세요. 그림 아래쪽에 글씨를 쓰세요.

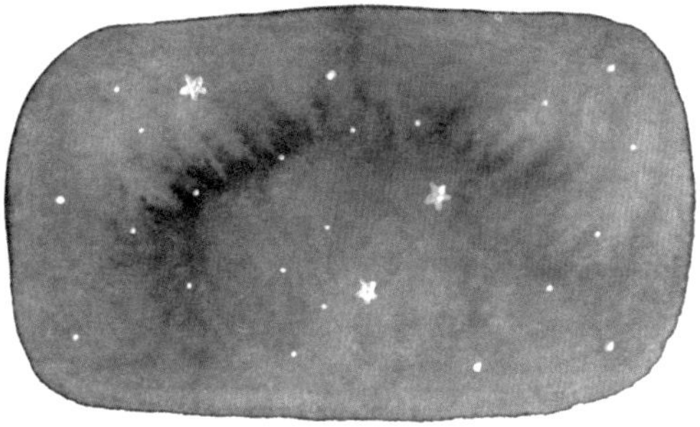

예쁜 밤만
가득 담아서
너에게 줄게

숲으로 소풍 갈래요?

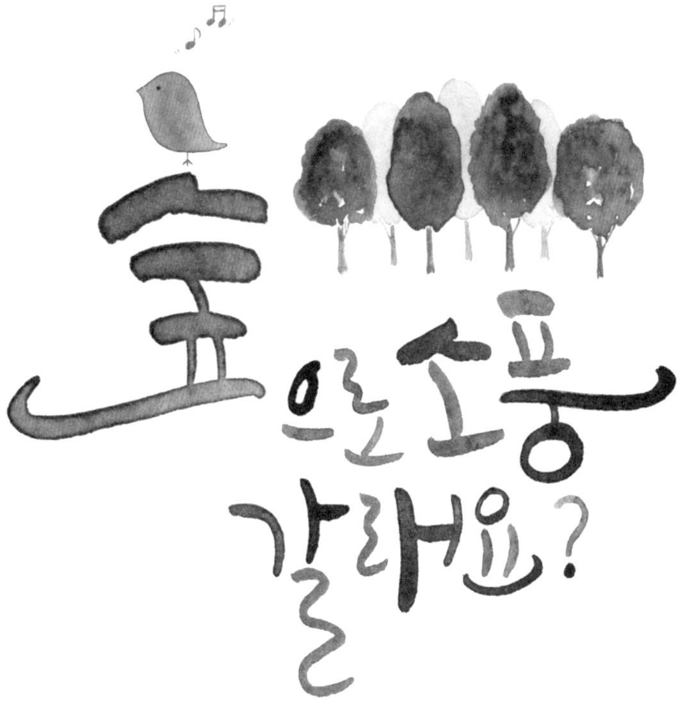

Type　살랑살랑

Color Chip

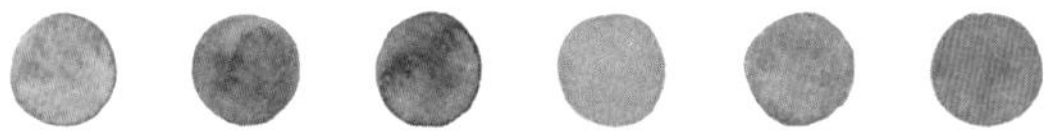

Sap Green　Vandyke Brown　Shadow Green　Raw Umber　Cobalt Blue Hue　Permanent Red

포인트　'숲'은 샙 그린으로, 나머지 글씨는 반다이크 브라운으로 쓰세요. '숲'의 'ㅍ' 자를 쓸 때는 다른 선과는 반대로 오른쪽에서 왼쪽으로 그으면서 마지막에 위로 살짝 올려주세요. '소풍'의 모음 'ㅜ'도 옆으로 긴 곡선처럼 써 보세요. 마지막 줄 '갈'의 'ㄹ'은 흘려서 쓰세요. 글씨가 다 마르면 나무와 새, 음표를 그려주세요.

① ② ③

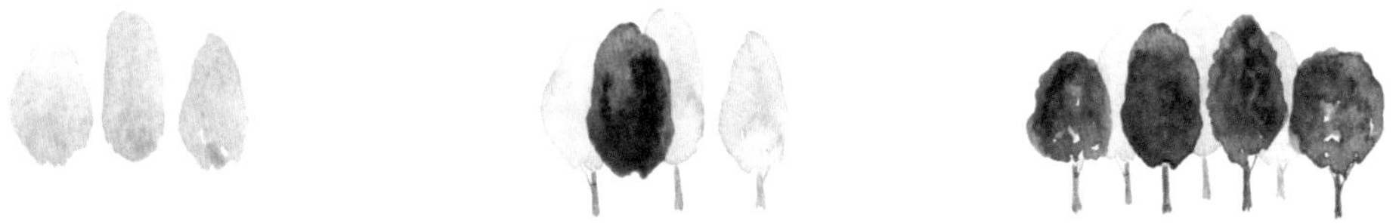

④ ⑤ ⑥ ⑦

① 샙 그린에 물을 많이 섞어서 연하게 만든 다음 약간의 간격을 두고 나무 세 개를 그리세요.

② 물감이 다 마르면 로 엄버로 나무의 기둥 부분과 가지를 그려주세요.

③ 완전히 마르길 기다렸다가, 샙 그린을 진하게 써서 나무 사이에 다시 네 그루의 나무를 그려주세요. 마르기 전에 위에 섀도 그린을 톡톡 찍어주고, 다 마르면 반다이크 브라운으로 나무 아래 부분을 그려주세요.

④ 코발트 블루 휴로 새의 머리와 등이 될 부분을 곡선으로 먼저 그려주세요.

⑤ ④번 선에 이어서 새의 배 부분이 될 곡선을 그어주세요. 'ㄴ'자 모양으로 그린다고 생각하면 쉬울 거예요.

⑥ 라인의 부자연스러운 부분을 수정하면서 안쪽을 채워주세요. 물감이 한쪽으로 치우쳐 있다면 붓으로 정리해주세요. 다 마르면 라이너로 새의 다리를 그려주세요.

⑦ 라이너로 눈을 그리고, 새의 위쪽에 음표를 그려서 마무리해주세요.

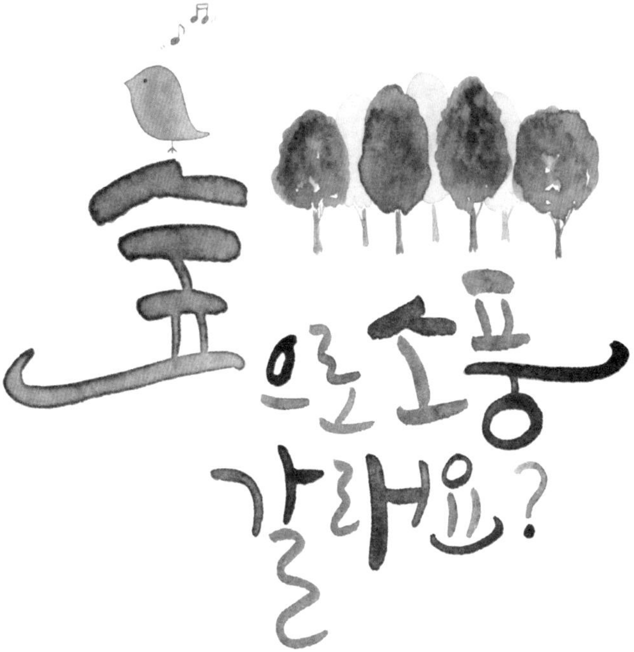

따라 쓰고 그려보세요

혼자 쓰고 따라 그려보세요

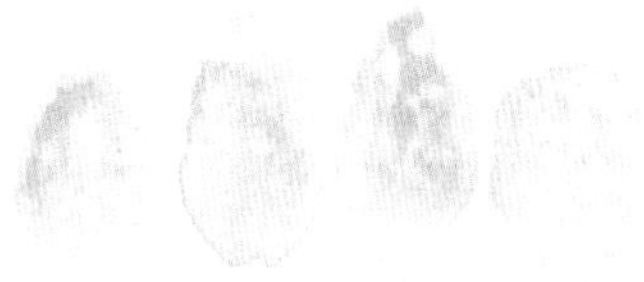

따라 쓰고 혼자 그려보세요